또박또박 **5급**五級 **한자**
기초 한자 프로그램
5급 한자 200자 쓰기
따라쓰기

<한자를 공부하는 어린이들을 위한 지침서>

5급 한자 따라쓰기는 한자능력검정시험에서 다루는
신습한자 200자를 기본으로 읽고 쓰는 것에 중점을 두었습니다.

합리적이고 체계적인 교육 프로그램으로
급수한자에 도전하세요!

한자의 3요소

한자(漢字)를 만드는 데는, **모양(형;形)·소리(음;音)·뜻(훈;訓)** 의 세 가지가 반드시 있어야 합니다. 이것을 '한자의 3요소'라고 합니다.

한자가 만들어진 과정

한자(漢字)가 생기게 된 것은 다음과 같은 발전 과정이 있었기 때문입니다. 이것을 **'六書(육서)'** 라고 합니다. 즉, 한자의 구조 및 사용에 관한 여섯 가지 구별되는 명칭으로, 한자의 구조를 이해하는데 도움이 될 것입니다.

① 상형문자(象形文字)

모양을 본뜬다는 뜻으로, 사물의 모양이나 특징을 본떠서 만든 글자입니다.

메 산(山) 자는 산 모양을 그대로 단순화 시켜서 만든 글자입니다.

② 지사문자(指事文字)

손가락 글자라는 뜻으로, 눈에 보이지 않는 생각이나 뜻을 나타낸 글자입니다.

위를 가리키는 '상(上)'은 기준이 되는 선 위에 물체가 있다는 뜻입니다.

③ 회의문자(會意文字)

상형문자나 지사문자 등 이미 만들어진 글자를 합하여 만든 글자로, 뜻과 뜻을 합하여 새롭게 만든 글자입니다.

木 (나무 목) + 木 (나무 목) = 林 (수풀 림)

나무와 나무들이 모여서 수풀을 이룬다는 뜻입니다.

④ 형성문자(形聲文字)

뜻과 소리를 나타내는 두 글자가 합쳐진 글자입니다.

靑 (푸를 청) + 氵 (물 수 변) = 淸 (맑을 청)

물이 푸르다, 곧 맑다는 뜻과 청의 음을 합친 글자입니다.

⑤ 가차문자(假借文字)

글자의 뜻에 관계없이 소리만 빌어서 만든 글자입니다.

ASIA (아시아) = 亞細亞 (아세아)

아시아라는 대륙 이름을 한자로 쓴 것으로, 한자의 뜻으로 보면 전혀 맞지 않습니다. 가차문자는 주로 외래어를 표기할 때 쓰입니다.

⑥ 전주문자(轉注文字)

같은 모양의 글자가 본래의 뜻과 다르게 쓰이는 글자입니다.

樂
악 : 풍류 악(본래의 뜻)
락 : 즐길 락
요 : 좋아할 요

惡
악 : 악할 악(본래의 뜻)
오 : 미워할 오

위의 두 글자는 본래의 뜻과 다르게 음과 뜻이 다르게 쓰였습니다.

 ### 한자의 획

획 : 점과 선을 말합니다. 한자를 쓸 때 연필을 한 번 대었다가 뗄 때까지 그은 점이나 선을 한 획으로 계산합니다.
획수 : 글자를 쓸 때 획의 수를 뜻합니다.
총획 : 한 글자를 쓸 때 모두 몇 획으로 이루어져 있는가를 말합니다.

(나무 목의 경우) 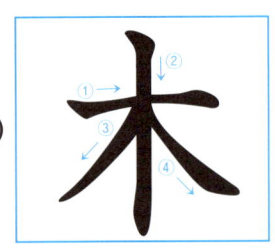 총 획은 4획

 ### 한자를 쓰는 순서

한자(漢字)를 쓰는 순서를 '획순(劃順)' 혹은 '필순(筆順)' 이라고 합니다.
손으로 글자를 쓸 경우 그 글자를 어디서부터 쓰기 시작하여 어떻게 완성해 가는가에 대한 순서입니다.
필순은 반드시 지켜야 하는 법은 없지만, 습관을 들이면 보기 좋은 글자를 쓸 수 있고 바르고 정확하게 쓸 수 있습니다.

필순은 크게 몇 가지 원칙이 있습니다.

① 가로의 경우, 왼쪽에서 오른쪽으로,
② 세로의 경우, 위에서 아래로,
③ 가로 세로가 섞여 있는 경우에는, 대부분 가로를 먼저 씁니다.

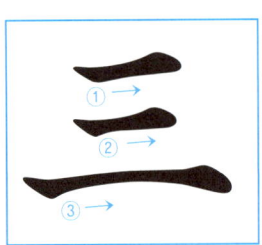 ①②의 경우 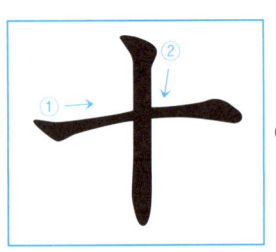 ③의 경우

 ## 부수의 의미

信 伸 代 仁 仙

　위의 한자를 보면, 모든 글자 왼쪽에 '亻(사람 인)'이 있는 것을 볼 수 있습니다. 이처럼 글자에 공통적으로 들어가는 글자가 바로 **'부수'** 입니다.
　부수는 많은 한자를 구분하는데 기준이 되기 때문에 한자에서는 아주 중요합니다. 흔히 한자 사전(옥편)을 펼쳐 보았을 때 안 표지에 나열된 것이 부수들입니다.

 ## 부수의 종류

① 부수의 모양

　부수는 쓰임에 따라서 원래의 글자 모양이 바뀌고 이름도 달라집니다. 대표적인 예로 다음과 같은 것들이 있습니다.

원형	부수로 쓰일 때	뜻과 음	원형	부수로 쓰일 때	뜻과 음
人	亻	사람 인	水	氵	물 수
心	忄	마음 심	刀	刂	칼 도

② 부수의 종류와 이름

	변 : 글자 왼쪽에 있는 부수 믿을 신 信(亻사람 인변)		**엄** : 위에서 아래쪽에 있는 부수 병들 병 病(疒 병질 엄)
	방 : 글자 오른쪽에 있는 부수 떼 부 部(阝 우부방)		**받침** : 왼쪽에서 아래에 있는 부수 길 도 道(辶 책받침)
	머리 : 글자 위쪽에 있는 부수 집 우 宇(宀 갓머리, 집 면)		**몸** : 글자를 에워싸고 있는 부수 그림 도 圖(囗 큰입 구몸, 에울 위)
	발 : 글자 아래쪽에 있는 부수 생각할 사 思(心 마음 심발)		**제부수** : 글자 자체가 부수 말 마 馬(馬 말 마 부수)

加

훈 : 더하다, 업신여기다 / 음 : 가 / 총획 : 5획

부수 : 力 (힘 력)

더할 가

가감(加減) : 더하거나 빼어 알맞게 함. 조절해서 알맞게 함
가미(加味) : 음식에 다른 식료품이나 양념을 다 넣어 맛이 나게 함.
본래의 것에 다른 요소를 덧붙여 넣음의 비유.

ㄱ 力 加 加 加

加 더할 가	加	加	加	加	加	加

價

훈 : 가치, 값 / 음 : 가 / 총획 : 15획

부수 : 亻 (사람인 변)

값 가

가치(價値) : 사물이 지니고 있는 쓸모.
원가(原價) : 상품의 제조, 판매, 배급 따위에 든 재화와 용역을 단위에 따라 계산한 가격.

亻 亻 價 價 價 價

價 값 가	價	價	價	價	價	價

옳을 가

훈 : 옳다, 듣다 / 음 : 가 / 총획 : 5획

부수 : 口 (입 구)

가능(可能) : 할 수 있거나 될 수 있음.
가관(可觀) : 꼴이 볼 만하다는 뜻으로, 남의 언행이나 어떤 상태를 비웃는 뜻으로 이르는 말. 경치 따위가 꽤 볼 만함.

一 丆 丁 叮 可

可	可	可	可	可	可	可
옳을 가						

고칠 개

훈 : 고치다, 고쳐지다 / 음 : 개 / 총획 : 7획

부수 : 己 (몸 기)

개선(改善) : 잘못된 것이나 부족한 것, 나쁜 것 따위를 고쳐 더 좋거나 착하게 만듦.
개조(改造) : 조직, 구조 따위를 목적에 맞도록 고쳐 다시 만듦.

フ コ 己 改 改 改 改

改	改	改	改	改	改	改
고칠 개						

훈 : 손님, 나그네 / 음 : 객 / 총획 : 9획

부수 : 宀 (집 면/갓머리)

객석(客席) : 극장 따위에서 손님이 앉는 자리.
승객(乘客) : 차, 배, 비행기 따위의 탈 것을 타는 손님.

손 객

宀 宀 穴 灾 客 客

客	客	客	客	客	客	客
손 객						

훈 : 가다, 떨어지다 / 음 : 거 / 총획 : 5획

부수 : 厶 (마늘 모)

거래(去來) : 주고받음. 사고 팖. 이웃과의 관계를 이루기 위하여 오고 감.
거세(去勢) : 동물의 생식 기능을 잃게 함. 저항이나 반대하지 못하도록 세력을 빼앗음.

갈 거

一 十 土 去 去

去	去	去	去	去	去	去
갈 거						

8

들 거

훈 : 들다, 나다 / 음 : 거 / 총획 : 18획

부수 : 手 (손 수)

거중기(擧重器) : 예전에, 무거운 물건을 들어 올리는 데에 쓰던 기계. 주로 큰 건축이나 토목 공사 따위에 썼다.

거국(擧國) : 온 나라 또는 국민 전체.

舉 舉 舉 舉 舉 舉

擧	擧	擧	擧	擧	擧	擧
들 거						

사건 건

훈 : 사건, 물건 / 음 : 건 / 총획 : 6획

부수 : 亻(사람인 변)

사건(事件) : 사회적으로 문제를 일으키거나 주목을 받을 만한 뜻밖의 일.
어떤 실험이나 시행(試行)에서 일어날 수 있는 결과.

건수(件數) : 사물이나 사건의 가짓수.

丿 亻 亻 仁 仵 件

件	件	件	件	件	件	件
사건 건						

세울 건

훈 : 세우다, 열쇠 / 음 : 건 / 총획 : 9획

부수 : 廴 (길게 걸을 인/민 책받침)

건국(建國) : 나라가 세워짐. 또는 나라를 세움.
건물(建物) : 사람이 들어 살거나, 일을 하거나, 물건을 넣어 두기 위하여 지은 집을 통틀어 이르는 말.

                                             ㄱ ㄹ 聿 津 建 建

굳셀 건

훈 : 굳세다, 튼튼하다 / 음 : 건 / 총획 : 11획

부수 : 亻 (사람인 변)

건강(健康) : 정신적으로나 육체적으로 아무 탈이 없고 튼튼함. 그런 상태.
건망증(健忘症) : 경험한 일을 전혀 기억하지 못하거나 또는 드문드문 기억하기도 하는 기억 장애.

                                             ノ 亻 彳 彳 健 健

훈 : 격식, 그치다, 이르다 / 음 : 격(각) / 총획 : 10획

부수 : 木 (나무 목)

격식(格式) : 격에 맞는 일정한 방식.
가격(價格) : 물건이 지니고 있는 가치를 돈으로 나타낸 것.

격식격, 그칠 각

十 木 朳 朸 柊 格

格	格	格	格	格	格	格
격식격	그칠 각					

훈 : 보다, 드러나다, 나타나다 / 음 : 견(현) / 총획 : 7획

부수 : 見 (제부수)

편견(偏見) : 공정하지 못하고 한쪽으로 치우친 생각.
견학(見學) : 실지로 보고 그 일에 관한 구체적인 지식을 넓힘. '보고 배우기'로 순화.

볼견, 나타날현

丨 冂 月 目 貝 見

見	見	見	見	見	見	見
볼 견	나타날 현					

決

훈 : 결단하다, 끊다, 터지다 / **음** : 결 / **총획** : 7획

부수 : 氵(삼수 변)

결정할 결

결정(決定) : 행동이나 태도를 분명하게 정함. 또는 그렇게 정해진 내용. 법원이 행하는 판결·명령 이외의 재판.

결의(決意) : 뜻을 정하여 굳게 마음을 먹음. 또는 그런 마음.

丶 氵 汀 江 決 決

決	決	決	決	決	決	決
결정할 결						

結

훈 : 맺다, 맺히다, 매듭, 상투 / **음** : 결(계) / **총획** : 12획

부수 : 糸(실 사)

맺을 결, 상투 계

결과(結果) : 열매를 맺음. 또는 그 열매. 어떤 원인으로 결말이 생김. 또는 그런 결말의 상태.

결성(結成) : 조직이나 단체 따위를 짜서 만듦.

幺 幺 糸 紝 紝 結

結	結	結	結	結	結	結
맺을 결	상투 계					

輕
가벼울 경

훈 : 가볍다, 손쉽게 / 음 : 경 / 총획 : 14획

부수 : 車 (수레 거)

경쾌(輕快) : 기분이 가볍고 유쾌함. 지저분하지 아니하고, 빠르고 날쌤. 병세가 조금씩 나아짐.

경솔(輕率) : 언행이 진중하지 아니하고 가벼움.

巠 亘 車 軋 輊 輕

輕	輕	輕	輕	輕	輕	輕
가벼울 경						

敬
공경할 경

훈 : 공경하다, 삼가다 / 음 : 경 / 총획 : 13획

부수 : 攵(칠 복/등글월문)

존경(尊敬) : 존중히 여겨 공경함.

경청(敬聽) 남의 말을 공경하는 태도로 듣는 것.

十 艹 芍 苟 苟 敬

敬	敬	敬	敬	敬	敬	敬
공경할 경						

훈 : 경치, 별, 밝다 / 음 : 경 / 총획 : 12획

부수 : 日 (날 일)

경치(景致) : 자연의 아름다운 모습.
풍경(風景) : 어떤 상황이나 형편이나 분위기 가운데에 있는 어느 곳의 모습.
풍경화(風景畵)의 준말.

日 昌 暑 景 景 景

景	景	景	景	景	景	景
경치 경						

훈 : 다투다, 나아가다 / 음 : 경 / 총획 : 20획

부수 : 立 (설 립)

경쟁(競爭) : 같은 목적을 두고 서로 이기거나 앞서거나 더 큰 이익을 얻으려고 겨루는 것.
경주(競走) : 일정한 거리를 달음질하여 빠름을 서로 다투는 육상 경기.

音 竞 竞 競 競 競

競	競	競	競	競	競	競
다툴 경						

상고할 고

훈 : 상고하다, 생각하다, 지다 / 음 : 고 / 총획 : 6획

부수 : 耂 (늙을 로)

참고(參考) : 살펴서 생각함. 살펴서 도움이 될 만한 자료로 삼음. 또는 그러한 자료.

고찰(考察) : 잘 생각해서 살핌.

一 十 土 耂 耂 考

考	考	考	考	考	考	考
상고할 고						

굳을 고

훈 : 굳다, 우기다 / 음 : 고 / 총획 : 8획

부수 : 囗 (에울 위)

고집(固執) : 자기의 의견만 굳게 내세움

고체(固體) : 일정한 모양과 부피를 가진 물체. 나무, 돌, 쇠, 얼음 따위.

冂 冂 冃 周 固 固

固	固	固	固	固	固	固
굳을 고						

훈 : 고하다, 알리다, 청하다 / 음 : 고(곡) / 총획 : 7획

부수 : 口 (입 구)

고발(告發) : 범죄자가 아닌 사람이 수사 기관에 범죄 사실을 신고하여 처벌을 요구하는 행위.

고별(告別) : 이별을 알림. 특히 죽은 이와의 영별.

아뢸 고

ㅗ ㅑ 브 ㅏ 告 告 告

告	告	告	告	告	告	告
아뢸 고	고할 곡					

훈 : 굽다, 곡절 / 음 : 곡 / 총획 : 6획

부수 : 曰 (가로 왈)

곡선(曲線) : 구부러진 선.
명곡(名曲) : 뛰어난 악곡.

굽을 곡

丨 冂 巾 曲 曲 曲

曲	曲	曲	曲	曲	曲	曲
굽을 곡						

課

훈 : 매기다, 살피다 / 음 : 과 / 총획 : 15획

부수 : 言 (말씀 언)

부과(賦課) : 세금 따위를 매기어 물게 함. 임무나 책임 따위를 지워 맡게 함.
과외(課外) : 정해진 과정 이외에 하는 공부.

매길 과

言 訂 訂 評 評 課 課

課 매길 과	課	課	課	課	課	課

過

훈 : 지나다, 넘다 / 음 : 과 / 총획 : 13획

부수 : 辶 (쉬엄쉬엄 갈 착/책받침)

과속(過速) : 지나친 속도.
과로(過勞) : 지나치게 일을 하여 고달픔, 지나치게 피로함.

지날 과

冂 冎 咼 咼 過 過

過 지날 과	過	過	過	過	過	過

觀
볼 관

훈 : 보다, 보이다 / 음 : 관 / 총획 : 25획

부수 : 見 (볼 견)

관객(觀客) : 영화나 연극·무용 등의 무대 공연을 구경하는 사람
관광(觀光) : 다른 지방이나 나라의 명승·고적과 풍속 등을 돌아다니며 구경하는 것.

艹 莍 莑 藋 藋 觀 觀

觀	觀	觀	觀	觀	觀	觀
볼 관						

關
빗장 관

훈 : 빗장, 참여하다, 관계하다 / 음 : 관 / 총획 : 19획

부수 : 門 (문 문)

난관(難關) : 일을 해 나가기가 어려움.
관련(關聯) : 서로 관계가 있음. 걸리어 얽힘.

尸 門 閂 關 關 關

關	關	關	關	關	關	關
빗장 관						

넓을 광

훈 : 넓다, 넓히다 / 음 : 광 / 총획 : 15획

부수 : 广 (돌집 엄)

광고(廣告) : 세상에 널리 알림. 자기의 존재를 여러 사람에게 널리 알리고 선전함.

광야(廣野) : 너른 들. 아득하게 너른 벌판.

广 疒 庐 席 庸 廣

廣	廣	廣	廣	廣	廣
넓을 광					

다리 교

훈 : 다리 / 음 : 교 / 총획 : 16획

부수 : 木 (나무 목)

교각(橋脚) : 다리를 받치는 기둥.

철교(鐵橋) : 철을 주재료로 하여 놓은 다리.

木 杧 杯 柺 桥 橋

橋	橋	橋	橋	橋	橋
다리 교					

훈 : 갖추다, 함께 / 음 : 구 / 총획 : 8획

부수 : 八 (여덟 팔)

具
갖출 구

가구(家具) : 집안 살림에 쓰는 기구. 주로 장롱, 책장, 탁자 따위와 같이 비교적 큰 물건을 이른다.

구현(具現) : 어떤 내용이 구체적인 사실로 나타나게 함.

丨 冂 目 且 具 具

具	具	具	具	具	具	具
갖출 구						

훈 : 옛날, 옛 일 / 음 : 구 / 총획 : 18획

부수 : 臼 (절구 구)

舊
옛 구

구면(舊面) : 예전부터 알고 있는 처지. 또는 그런 사람.

복구(復舊) : 손실 이전의 상태로 회복함. 시스템이 비정상일 때, 문제가 생기기 바로 전 상태로 회복시켜 처리를 계속할 수 있게 함.

疒 芢 萑 舊 舊 舊

舊	舊	舊	舊	舊	舊	舊
옛 구						

구원할 구

훈 : 구원하다, 건지다 / 음 : 구 / 총획 : 11획

부수 : 攵 (칠 복/등글월 문)

구급(救急) : 위급한 상황에서 구하여 냄. 병이 위급할 때 우선 목숨을 구하기 위한 처치를 함.

구조(救助) : 재난 따위를 당하여 어려운 처지에 빠진 사람을 구하여 줌.

求 求 求 求 救 救

救	救	救	救	救	救	救
구원할 구						

판국

훈 : 판, 관청 / 음 : 국 / 총획 : 7획

부수 : 尸 (자 척)

국장(局長) : 기관이나 조직에서 한 국(局)을 맡아 다스리는 직위. 또는 그 직위에 있는 사람.

국면(局面) : 어떤 일이 벌어진 장면이나 형편.

フ コ 尸 尸 局 局

局	局	局	局	局	局	局
판 국						

貴
귀할 귀

훈 : 귀하다, 여기다 / 음 : 귀 / 총획 : 12획

부수 : 貝 (조개 패)

귀하(貴下) : 편지 글에서, 상대편을 높여 이름 다음에 붙여 쓰는 말.
귀족(貴族) : 가문이나 신분 따위가 좋아 정치적·사회적 특권을 가진 계층. 또는 그런 사람.

中 虫 虫 青 昔 貴

貴	貴	貴	貴	貴	貴	貴
귀할 귀						

規
법규 규

훈 : 법, 어기다 / 음 : 규 / 총획 : 11획

부수 : 見 (볼 견)

규율(規律) : 질서나 제도를 유지하기 위하여 정한, 행동의 준칙이 되는 본보기. 질서나 제도를 좇아 다스림. 일정한 질서나 차례.
규칙(規則) : 여러 사람이 다같이 지키기로 작정한 법칙. 또는 제정된 질서.

二 夫 却 担 規 規

規	規	規	規	規	規	規
법규 규						

훈 : 주다, 넉넉하다 / 음 : 급 / 총획 : 12획

부수 : 糸 (실 사)

발급(發給) : 증명서 따위를 발행하여 줌.

급료(給料) : 일에 대한 대가로 고용주가 지급하는 돈. 월급이나 주급, 일급 따위가 있다.

줄 급

幺 幺 糸 糾 紗 給

給	給	給	給	給	給	給
줄 급						

훈 : 재주, 재능 / 음 : 기 / 총획 : 7획

부수 : 扌 (손 수/재방변)

기능(技能) : 육체적, 정신적 작업을 정확하고 손쉽게 해 주는 기술상의 재능.

특기(特技) : 남이 가지지 못한 특별한 기술이나 기능.

재주 기

㇀ 扌 扩 扩 抆 技

技	技	技	技	技	技	技
재주 기						

기약할 기

훈 : 기약하다, 기다리다 / 음 : 기 / 총획 : 12획

부수 : 月 (달 월)

기간(期間) : 어느 일정한 시기부터 다른 어느 일정한 시기까지의 사이.
조기교육(早期敎育) : 지능 발달이 빠른, 학령 이전의 어린이를 대상으로 일정한 교육 과정에 따라 실시하는 교육.

一 卄 其 其 期 期

期	期	期	期	期	期	期
기약할 기						

터 기

훈 : 터, 근본 / 음 : 기 / 총획 : 11획

부수 : 土 (흙 토)

기본(基本) : 사물이나 현상, 이론, 시설 따위의 기초와 근본.
기반(基盤) : 기초가 되는 바탕. 또는 사물의 토대.

卄 其 其 其 基 基

基	基	基	基	基	基	基
터 기						

己

몸 기

훈 : 몸, 자기 / 음 : 기 / 총획 : 3획

부수 : 己 (제부수)

극기(克己) : 자기의 감정이나 욕심, 충동 따위를 이성적 의지로 눌러 이김.
자기(自己) : 제 몸, 제 자신. 나. 막연하게 사람을 가리키는 말.
지기(知己) : 자기의 속마음을 지극하고 참되게 알아 줌.

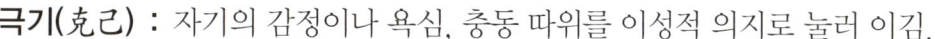

己	己	己	己	己	己	己	己
몸 기							

汽

김 기

훈 : 김, 수증기, 거의(홀) / 음 : 기(홀) / 총획 : 7획

부수 : 氵(물 수/삼수변)

기선(汽船) : 증기의 힘으로 추진시켜서 다니는 배.
기관실(汽罐室) : 배 안에 증기 기관을 장치하여 놓은 방. 흔히 중앙부의 선창 안에 시설하여 기기실의 앞쪽에 있음.

氵 氿 汽 汽

汽	汽	汽	汽	汽	汽	汽	汽
김 기	거의 홀						

훈 : 길하다, 착하다 / 음 : 길 / 총획 : 6획

부수 : 口 (입 구)

길일(吉日) : 좋은 날. 길한 날. 매월 음력 '초하룻날'을 달리 이르는 말.
길몽(吉夢) : 좋은 조짐의 꿈. 좋은 일이 생길 징조의 꿈. 용꿈 따위.

길할 길

一 十 士 吉 吉 吉

吉	吉	吉	吉	吉	吉	吉	吉
길할 길							

훈 : 능하다, 재능 / 음 : 능 / 총획 : 10획

부수 : 月 (고기 육/육달월)

능동(能動) : 스스로 내켜서 움직이거나 작용함.
예능(藝能) : 재주와 기능을 아울러 이르는 말. 연극 · 영화 · 음악 · 미술 따위의 예술과 관련된 능력을 통틀어 이르는 말.

능할 능

厶 育 育 育 能 能

能	能	能	能	能	能	能	能
능할 능							

念

훈 : 생각, 생각하다 / 음 : 념(염) / 총획 : 8획

부수 : 心 (마음 심)

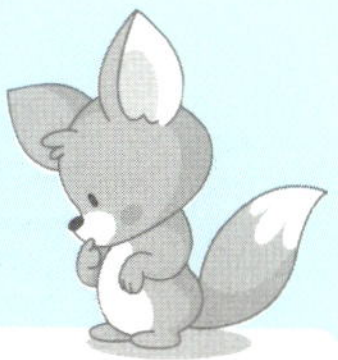

기념(記念) : 어떤 뜻 깊은 일이나 훌륭한 인물 등을 오래도록 잊지 아니하고 마음에 간직함.

염려(念慮) : 앞일에 대하여 여러 가지로 마음을 써서 걱정함. 또는 그런 걱정.

丶 亠 亼 今 念 念

생각할 념

團

훈 : 둥글다, 모이다 / 음 : 단 / 총획 : 14획

부수 : 囗 (에울 위/큰입구)

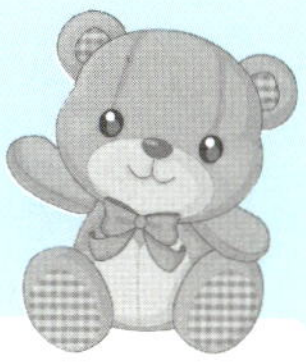

단결(團結) : 많은 사람이 마음과 힘을 한데 뭉침. 단합.
집단(集團) : 여럿이 모여 이룬 모임.

同 周 周 團 團 團

둥글 단

훈 : 단, 제단 / 음 : 단 / 총획 : 16획

부수 : 土 (흙 토)

단상(壇上) : 교단이나 강단 따위의 위.
교단(教壇) : 교실에서 교사가 강의할 때 올라서는 단.

壇	壇	壇	壇	壇	壇	壇
단 단						

훈 : 말씀, 이야기, 논란하다 / 음 : 담 / 총획 : 15획

부수 : 言 (말씀 언)

담소(談笑) : 웃고 즐기면서 이야기함. 또는 그런 이야기.
면담(面談) : 서로 만나서 이야기함.

言 言 言 談 談 談

談	談	談	談	談	談	談
말씀 담						

當

훈 : 마땅하다, 대적하다 / 음 : 당 / 총획 : 13획

부수 : 田 (밭 전)

당번(當番) : 어떤 일을 책임지고 돌보는 차례가 됨. 또는 그 차례가 된 사람.
당분간(當分間) : 앞으로 얼마간. 또는 잠시 동안. '얼마 동안'으로 순화.

⺌ 尚 尚 常 當 當

當 마땅 당	當	當	當	當	當	當

德

훈 : 베풀다, 복 / 음 : 덕 / 총획 : 15획

부수 : 彳 (자축거릴 척/두인 변)

덕담(德談) : 남이 잘되기를 비는 말. 주로 새해에 많이 나누는 말이다.
도덕(道德) : 사회의 구성원들이 양심, 사회적 여론, 관습 따위에 비추어 스스로 마땅히 지켜야 할 행동 준칙이나 규범의 총체.

彳 彳 彳 德 德 德

德 큰 덕	德	德	德	德	德	德

島

훈 : 섬 / 음 : 도 / 총획 : 10획

부수 : 山 (메 산)

반도(半島) : 삼 면이 바다로 둘러싸이고 한 면은 육지에 이어진 땅. 대륙에서 바다 쪽으로 좁다랗게 돌출한 육지를 말한다.

도서(島嶼) : 크고 작은 온갖 섬.

섬 도

丨 亻 自 自 鳥 島

島 섬 도	島	島	島	島	島	島

到

훈 : 이르다, 속하다 / 음 : 도 / 총획 : 8획

부수 : 刂 (칼 도/선칼도)

도착(到着) : 목적한 곳에 다다름.

쇄도(殺到) : 전화, 주문 따위가 한꺼번에 세차게 몰려듦. 어떤 곳을 향하여 세차게 달려듦.

이를 도

一 云 云 至 至 到

到 이를 도	到	到	到	到	到	到

都

훈 : 도읍, 거하다, 있다 / **음** : 도 / **총획** : 12획

부수 : 阝(고을 읍/우부방)

도읍(都邑) : 서울. 그 나라의 수도를 정함. 조금 작은 도회지.
수도(首都) : 한 나라의 중앙 정부가 있는 도시.

도읍 도

土 耂 耂 者 者 都 都

都						
도읍 도						

獨

훈 : 홀로, 외롭다 / **음** : 독 / **총획** : 16획

부수 : 犭(개견/개사슴록변)

독립(獨立) : 다른 것에 예속하거나 의존하지 아니하는 상태로 됨. 독자적으로 존재함.
독신(獨身) : 형제자매가 없는 사람. 배우자가 없는 사람.

홀로 독

犭 犭 犸 獨 獨 獨

獨						
홀로 독						

훈 : 떨어지다, 마을 / 음 : 락(낙) / 총획 : 13획

부수 : 艹 (풀 초/초두)

낙심(落心) : 바라던 일이 이루어지지 아니하여 마음이 상함.
낙엽(落葉) : 나뭇잎이 떨어짐. 말라서 떨어진 나뭇잎. '진 잎'으로 순화
낙마(落馬) : 말에서 떨어짐.

떨어질 락

一 艹 艹 莎 茨 落

落						
떨어질 락						

훈 : 밝다, 달이 밝다 / 음 : 랑(낭) / 총획 : 11획

부수 : 月 (달 월)

낭독(朗讀) : 글을 소리 내어 읽음.
명랑(明朗) : 흐린 데 없이 밝고 환함. 유쾌하고 활발함.

밝을 랑

丶 彐 艮 良 朗 朗

朗						
밝을 랑						

훈 : 차다, 춥다 / **음** : 랭(냉) / **총획** : 7획

부수 : 冫 (얼음 빙/이수변)

냉동(冷凍) : 생선이나 육류 따위를 신선하게 보관하기 위해 얼림.
냉정(冷靜) : 생각이나 행동이 감정에 좌우되지 않고 침착함.

찰 랭

丶 冫 冫 冷 冷 冷

冷	冷	冷	冷	冷	冷	冷
찰 랭						

훈 : 어질다, 착하다 / **음** : 량(양) / **총획** : 7획

부수 : 良 (제부수)

양심(良心) : 사물의 가치를 변별하고 자기의 행위에 대하여 옳고 그름과 선과 악의 판단을 내리는 도덕적 의식.
불량(不良) : 행실이나 성품이 나쁨. 물건 따위의 품질이나 상태가 나쁨.

어질 량

丶 ㄱ ㅋ 白 良 良

良	良	良	良	良	良	良
어질 량						

量

훈 : 헤아리다, 예상 / 음 : 량(양) / 총획 : 12획

부수 : 里 (마을 리)

열량(熱量) : 열 에너지의 양. 단위는 보통 칼로리(cal)로 표시
감량(減量) : 수량이나 무게를 줄임. 물건을 매매할 때, 전체 분량에서 빼야 할 포장이나 먼지 따위의 분량이나 무게.

헤아릴 량

日 므 昌 昌 量 量

量	量	量	量	量	量	量
헤아릴 량						

旅

훈 : 나그네, 여행하다 / 음 : 려(여) / 총획 : 10획

부수 : 方 (모 방)

여행(旅行) : 일이나 유람을 목적으로 다른 고장이나 외국에 가는 일.
여정(旅程) : 여행의 과정이나 일정.

나그네 려

方 方 扩 抗 旅 旅

旅	旅	旅	旅	旅	旅	旅
나그네 려						

훈 : 지내다, 다니다 / 음 : 력(역) / 총획 : 16획

부수 : 止 (그칠 지)

역사(歷史) : 인류 사회의 변천과 흥망의 과정. 또는 그 기록. 어떠한 사물이나 사실이 존재해 온 연혁. 자연현상이 변하여 온 자취.

경력(經歷) : 여러 가지 일을 겪어 지내 옴. 겪어 지내 온 여러 가지 일.

厂 厅 厍 厤 歴 歷

歷	歷	歷	歷	歷	歷	歷
지낼 력						

훈 : 익히다, 누이다 / 음 : 련(연) / 총획 : 15획

부수 : 糸 (실 사)

훈련(訓鍊/訓練) : 무술이나 운동 경기 따위에서 기본 자세나 동작을 되풀이하여 익힘. 가르쳐서 익히게 함.

연습(練習/鍊習) : 학문이나 기예 따위를 익숙하도록 되풀이하여 익힘.

糸 紅 細 絅 紳 練

練	練	練	練	練	練	練
익힐 련						

명령할 령

훈 : 부리다, 명령하다 / 음 : 령(영) / 총획 : 5획

부수 : 人 (사람 인)

영장(令狀) : 명령의 뜻을 기록한 서장. 형사 소송법에서, 사람 또는 물건에 대하여 강제 처분의 명령 또는 허가를 내용으로 하여 법원

법령(法令) : 법률과 명령을 아울러 이르는 말.

ノ 人 ㅅ 今 令

令	令	令	令	令	令	令
명령할 령						

거느릴 령

훈 : 다스리다, 옷깃 / 음 : 령(영) / 총획 : 14획

부수 : 頁 (머리 혈)

대통령(大統領) : 외국에 대하여 국가를 대표하는 국가의 원수.

영수증(領收證) : 돈이나 물품 따위를 받은 사실을 표시하는 증서.

ノ 亽 令 令 領 領

領	領	領	領	領	領	領
거느릴 령						

훈 : 일하다, 수고하다 / **음** : 로(노) / **총획** : 12획

부수 : 力 (힘 력)

노력(努力) : 목적을 이루기 위하여 몸과 마음을 다하여 애를 씀.
과로(過勞) : 몸이 고달플 정도로 지나치게 일함. 또는 그로 말미암은 지나친 피로.

일할 로

丶 丷 炏 炏 𤇾 勞 勞

훈 : 무리, 갈다, 치우치다 / **음** : 류(유) / **총획** : 19획

부수 : 頁 (머리 혈)

유형(類型) : 성질이나 특징 따위가 공통적인 것끼리 묶은 하나의 틀. 또는 그 틀에 속하는 것.
종류(種類) : 사물의 부문을 나누는 갈래. 갈래의 수를 세는 단위.

무리 류

米 类 类 类 頪 類 類

훈 : 되질하다, 거리 / 음 : 료(요) / 총획 : 10획

부수 : 斗 (말 두)

요리(料理) : 음식을 일정한 방법으로 만듦. 또는 그 음식. 어떤 대상을 능숙하게 처리함을 속되게 이르는 말.

무료(無料) : 요금이 없음. 급료가 없음.

요금 료

丶 斗 米 米 料 料

훈 : 흐르다 / 음 : 류(유) / 총획 : 9획

부수 : 氵 (삼수변)

유행(流行) : 전염병이 널리 퍼져 돌아다님. 특정한 행동 양식이나 사상 따위가 일시적으로 많은 사람의 추종을 받아서 널리 퍼짐.

한류(韓流) : 1990년대 말부터 동남아에서 시작한 한국 대중문화의 열풍.

흐를 류

氵 氵 氵 氵 流 流

훈 : 물, 언덕 / 음 : 륙(육) / 총획 : 11획

부수 : 阝 (언덕 부/좌부변)

육지(陸地) : 땅. 섬에 상대하여, 대륙과 연결되어 있는 땅을 이르는 말.
착륙(着陸) : 비행기 따위가 공중에서 활주로나 판판한 곳에 내림.
양륙(揚陸) : 배에 실려 있는 짐을 뭍으로 운반함.

阝 阝 阝 阣 陡 陸 陸

陸	陸	陸	陸	陸	陸	陸
물 륙						

훈 : 말, 아지랑이 / 음 : 마 / 총획 : 10획

부수 : 馬 (제부수)

마력(馬力) : 동력이나 일의 양을 나타내는 실용 단위. 말 한 마리의 힘에 해당하는 일의 양이다. 1마력은 1초당 746와트의 전력에 해당.
경마(競馬) : 일정한 거리를 말을 타고 달려 빠르기를 겨루는 경기.

丨 厂 ㄚ 玨 馬 馬

馬	馬	馬	馬	馬	馬	馬
말 마						

끝 말

훈 : 끝, 꼭대기 / 음 : 말 / 총획 : 5획

부수 : 木 (나무 목)

말세(末世) : 정치, 도덕, 풍속 따위가 아주 쇠퇴하여 끝판이 다 된 세상.
기말(期末) : 기간이나 학기 따위의 끝. 주로 학교 행정, 회계 기간 따위의 끝을 이른다.

一 二 十 才 末

末	末	末	末	末	末	末
끝 말						

바랄 망

훈 : 바라보다, 이름 / 음 : 망 / 총획 : 11획

부수 : 月 (달 월)

소망(所望) : 어떤 일을 바람. 또는 그 바라는 것.
실망(失望) : 희망이나 명망을 잃음. 또는 바라던 일이 뜻대로 되지 아니하여 마음이 몹시 상함.

亠 切 钥 钥 望 望

望	望	望	望	望	望	望
바랄 망						

40

亡 망할 망

훈 : 망하다, 잃다 / 음 : 망 / 총획 : 3획

부수 : 亠 (머리부분 두/돼지머리 해)

망신(亡身) : 말이나 행동을 잘못하여 자기의 지위, 명예, 체면 따위를 손상함.

패망(敗亡) : 싸움에 져서 망함.

획순 : 丶 亠 亡

賣 팔 매

훈 : 팔다 / 음 : 매 / 총획 : 15획

부수 : 貝 (조개 패)

매출(賣出) : 물건을 내다 파는 일. '판매', '팔기'로 순화.

발매(發賣) : 상품이나 증권 따위를 내어 팖. 또는 그것을 팔기 시작함. '팔기'로 순화.

획순 : 士 吉 壴 壺 壺 賣

훈 : 사다 / 음 : 매 / 총획 : 12획

부수 : 貝 (조개 패)

매입(買入) : 물품 따위를 사들임. '사기', '사들이기'로 순화.
불매(不買) : 상품 따위를 사지 아니함.
수매(收買) : 거두어 사들임. 또는 그런 일.

` ` 丨 冂 罒 罒 買 買

買	買	買	買	買	買	買	買
살 매							

훈 : 없다, 아니다 / 음 : 무 / 총획 : 12획

부수 : 灬 (연화발)

허무(虛無) : 아무 것도 없이 텅 빔. 무가치하고 무의미하게 느껴져 매우 허전하고 쓸쓸함.
무료(無料) : 요금이 없음. 급료가 없음.

丿 ⺊ ⺥ 無 無 無

無	無	無	無	無	無	無	無
없을 무							

훈 : 곱하다, 더하다 / 음 : 배 / 총획 : 10획

부수 : 亻 (사람인변)

배가(倍加) : 갑절 또는 몇 배로 늘어남. 또는 그렇게 늘림.

용기백배(勇氣百倍) : 격려나 응원 따위에 자극을 받아 힘이나 용기를 더 냄.

亻 亻 亻 倅 倅 倍 倍

倍	倍	倍	倍	倍	倍	倍
곱 배						

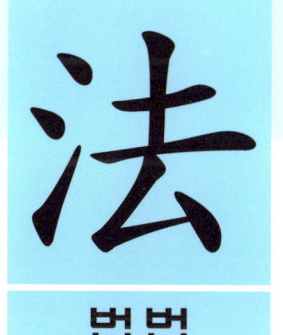

훈 : 법, 본받다 / 음 : 법 / 총획 : 8획

부수 : 氵 (삼수변)

법칙(法則) : 반드시 지켜야만 하는 규범. 수학 연산(演算)의 규칙.

위법(違法) : 법률이나 명령 따위를 어김.

氵 氵 汁 泫 法 法

法	法	法	法	法	法	法
법 법						

훈 : 변하다, 고치다 / 음 : 변 / 총획 : 23획

부수 : 言 (말씀 언)

변장(變裝) : 본래의 모습을 알아볼 수 없게 하기 위하여 옷차림이나 얼굴, 머리 모양 따위를 다르게 바꿈.

변덕(變德) : 이랬다저랬다 잘 변하는 태도나 성질.

변할 변

言　絲　絲　變　變　變

變	變	變	變	變	變	變	變
변할 변							

훈 : 군사, 병장기 / 음 : 병 / 총획 : 7획

부수 : 八 (여덟 팔)

병력(兵力) : 군대의 인원. 또는 그 숫자. 군대의 힘.

졸병(卒兵) : 직위가 낮은 병사.

군사 병

′　广　F　斤　丘　兵

兵	兵	兵	兵	兵	兵	兵	兵
군사 군							

복 복

훈 : 복(복을 내리다) / 음 : 복 / 총획 : 14획

부수 : 示 (보일 시)

복권(福券) : 번호나 그림 따위의 특정 표시를 기입한 표(票). 추첨 따위를 통하여 일치하는 표에 대해서 상금이나 상품

행복(幸福) : 복된 좋은 운수. 생활에서 충분한 만족과 기쁨을 느끼는 상태.

示 祀 袙 祠 福 福

福						
복 복						

받들 봉

훈 : 받들다, 섬기다 / 음 : 봉 / 총획 : 8획

부수 : 大 (큰 대)

봉사(奉仕) : 국가나 사회 또는 남을 위하여 자신을 돌보지 아니하고 힘을 바쳐 애씀.

신봉(信奉) : 사상이나 학설, 교리 따위를 옳다고 믿고 받듦.

一 二 丰 夫 圶 奉

奉						
받들 봉						

코 비

훈 : 코, 시초 / 음 : 비 / 총획 : 14획

부수 : 鼻 (제부수)

이목구비(耳目口鼻) : 귀·눈·입·코를 중심으로 한 얼굴의 생김새.
비강(鼻腔) : 콧구멍에서 목젖 윗부분 코 안의 빈 곳. 냄새를 맡고, 공기 속의 이물을 제거하며, 들이마시는 공기를 따뜻하게 하는 작용.

自 鳥 鳥 畠 鼻 鼻

鼻	鼻	鼻	鼻	鼻	鼻	鼻
코 비						

쓸 비

훈 : 쓰다, 소모하다 / 음 : 비 / 총획 : 12획

부수 : 貝 (조개 패)

비용(費用) : 어떤 일을 하는 데 드는 돈.
경비(經費) : 사업을 경영하거나 운영하는 데 필요한 비용. 어떤 일을 하는 데 드는 비용.

一 二 弓 弗 曹 費

費	費	費	費	費	費	費
쓸 비						

比

견줄 비

훈 : 견주다, 비교하다 / 음 : 비 / 총획 : 4획

부수 : 比 (제부수)

비교(比較) : 둘 이상의 사물을 견주어 서로 간의 유사점, 차이점, 일반 법칙 따위를 고찰하는 일.
대비(對比) : 두 가지의 차이를 밝히기 위하여 서로 맞대어 비교함.

比	比	比	比	比	比	比	比
견줄 비							

氷

얼음 빙

훈 : 얼음, 얼다 / 음 : 빙 / 총획 : 5획

부수 : 水 (물 수)

빙하(氷河) : 얼어붙은 큰 강. 육상에 퇴적한 거대한 얼음 덩어리가 중력에 의하여 강처럼 흐르는 것.
해빙(解氷) : 얼음이 녹아 풀림. 서로 대립 중이던 세력의 긴장이 완화됨.

丨 키 키 氷 氷

氷	氷	氷	氷	氷	氷	氷	氷
얼음 빙							

역사 사

훈 : 역사, 사관 / 음 : 사 / 총획 : 5획

부수 : 口 (입 구)

사기(史記) : 역사적 사실을 기록한 책.
역사(歷史) : 인류 사회의 변천과 흥망의 과정. 또는 그 기록. 어떠한 사물이나 사실이 존재해 온 연혁. 자연현상이 변하여 온 자취.

丶 口 口 史 史

史	史	史	史	史	史	史	史
역사 사							

사실할 사

훈 : 사실하다, 조사하다, 살피다 / 음 : 사 / 총획 : 9획

부수 : 木 (나무 목)

사찰(査察) : 조사하여 살핌. 또는 그런 사람. 주로 사상적(思想的)인 동태를 조사하고 처리하던 경찰의 한 직분. 핵 사찰
탐사(探査) : 알려지지 않은 사물이나 사실 따위를 샅샅이 더듬어 조사함.

一 十 木 杳 杳 査

査	査	査	査	査	査	査	査
사실할 사							

仕

훈 : 벼슬하다, 섬기다 / 음 : 사 / 총획 : 5획

부수 : 亻 (사람인변)

사퇴(仕退) : 벼슬아치가 정한 시각에 사무를 마치고 물러 나오던 일.
봉사(奉仕) : 국가나 사회 또는 남을 위하여 자신을 돌보지 아니하고 힘을 바쳐 애씀.

필순: ノ 亻 亻 仕 仕

벼슬할 사

士

훈 : 선비, 벼슬 / 음 : 사 / 총획 : 3획

부수 : 士 (제부수)

사기(士氣) : 의욕이나 자신감 따위로 충만하여 굽힐 줄 모르는 기세. 선비의 꿋꿋한 기개.
강사(講師) : 학교나 학원 따위에서 위촉을 받아 강의를 하는 사람.

필순: 一 十 士

선비 사

寫

베낄 사

훈 : 베끼다, 그리다 / 음 : 사 / 총획 : 15획

부수 : 宀 (집 면/갓머리)

사진(寫眞) : 물체의 형상을 찍어 오랫동안 보존할 수 있게 만든 영상.

복사(複寫) : 원본을 베낌. 문서나 그림, 사진 따위를 복사기를 이용하여 복제함. 컴퓨터 파일을 디스켓 따위의 다른 곳으로 옮김.

宀 宁 宫 寫 寫 寫

思

생각 사

훈 : 생각하다, 의사 / 음 : 사 / 총획 : 9획

부수 : 心 (마음 심)

사상(思想) : 어떠한 사물에 대하여 가지고 있는 구체적인 사고나 생각. 판단, 추리를 거쳐서 생긴 의식 내용.

의사(意思) : 무엇을 하고자 하는 생각.

丨 口 田 田 思 思

50

産

낳을 산

훈 : 낳다, 해산하다 / 음 : 산 / 총획 : 11획

부수 : 生 (날 생)

산모(産母) : 아기를 갓 낳은 여자.
출산(出産) : 아이를 낳음. '해산(解産)'으로 순화. 만들어 내거나 생겨남. 또는 그 물건.

一 亠 产 产 产 産

産	産	産	産	産	産	産
낳을 산						

參

석 삼

훈 : 셋, 무리, 참여하다 / 음 : 삼(참) / 총획 : 11획

부수 : 厶 (마늘 모)

참견(參見) : 자기와 별로 관계없는 일이나 말 따위에 끼어들어 쓸데없이 아는 체하거나 간섭함.
불참(不參) : 어떤 자리에 참가하지 않거나 참석하지 않음.

厶 厽 众 参 參 參

參	參	參	參	參	參	參
석 삼	참여할 참					

장사 상

훈 : 헤아리다, 장사 / 음 : 상 / 총획 : 11획

부수 : 口 (입 구)

상가(商家) : 이익을 얻으려고 물건을 사서 파는 집.
상품(商品) : 사고파는 물품. 장사로 파는 물건. 또는 매매를 목적으로 한 재화. 상거래를 목적으로 하는 물건.

` 亠 亠 产 产 产 商 商 `

商	商	商	商	商	商	商
장사 상						

서로 상

훈 : 서로, 바탕 / 음 : 상 / 총획 : 9획

부수 : 木 (나무 목)

상담(相談) : 문제를 해결하거나 궁금증을 풀기 위하여 서로 의논함.
관상(觀相) : 수명이나 운명 따위와 관련이 있다고 믿는 사람의 얼굴을 보고 그의 운명, 성격, 수명 따위를 판단하는 일.

` 一 十 木 杧 机 相 `

相	相	相	相	相	相	相
서로 상						

賞

훈 : 상을 주다, 칭찬하다 / 음 : 상 / 총획 : 15획

부수 : 貝 (조개 패)

상금(賞金) : 선행이나 업적에 대하여 격려하기 위하여 주는 돈.
시상(施賞) : 상장이나 상품, 상금 따위를 줌.

상줄 상

ᅭ 尚 尚 嘗 嘗 賞

序

훈 : 차례, 실마리 / 음 : 서 / 총획 : 7획

부수 : 广 (집 엄/엄호)

서론(序論) : 말이나 글에서 본격적인 논의를 하기 위한 실마리가 되는 부분.
순서(順序) : 정하여진 기준에서 말하는 전후, 좌우, 상하 따위의 차례 관계.
무슨 일을 행하거나 무슨 일이 이루어지는 차례.

차례 서

亠 广 疒 序 序 序

훈 : 착하다, 좋다 / 음 : 선 / 총획 : 12획

부수 : 口 (입 구)

선행(善行) : 착하고 어진 행실.

개선(改善) : 잘못된 것이나 부족한 것, 나쁜 것 따위를 고쳐 더 좋거나 착하게 만듦.

착할 선

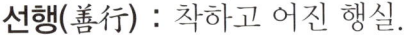

善							
착할 선							

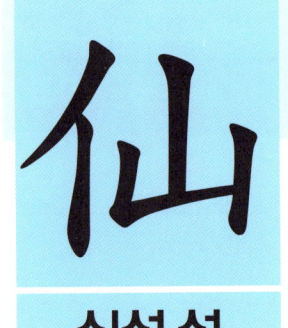

훈 : 신선, 선고 / 음 : 선 / 총획 : 5획

부수 : 亻 (사람인 변)

선인(仙人) : 신선(神仙). 도를 닦은 사람.

신선(神仙) : 도(道)를 닦아서 현실의 인간 세계를 떠나 자연과 벗하며 산다는 상상의 사람.

신선 선

仙							
신선 선							

54

船

훈: 배, 선박 / **음**: 선 / **총획**: 11획

부수: 舟 (배 주)

선장(船長): 배의 항해와 배 안의 모든 사무를 책임지고 선원들을 통솔하는 최고 책임자.
조선(造船): 배를 설계하여 만듦.

배 선

丿 月 舟 舩 船 船

船						
배 선						

選

훈: 가리다. 가려뽑다 / **음**: 선 / **총획**: 17획

부수: 辶 (쉬엄쉬엄 갈 착/책받침)

선곡(選曲): 많은 곡 가운데 곡조나 노래를 고름.
엄선(嚴選): 엄격하고 공정하게 가리어 뽑음.

가릴 선

巳 㢲 巽 㢲 選 選

選						
가릴 선						

훈 : 곱다, 날 것 / 음 : 선 / 총획 : 17획

부수 : 魚 (고기 어)

선명(鮮明) : 산뜻하고 뚜렷하여 다른 것과 혼동되지 않음.
생선(生鮮) : 말리거나 절이지 아니한, 물에서 잡아낸 그대로의 물고기.

고울 선

ク 备 魚 魚⺍ 鮮⺍ 鮮

鮮	鮮	鮮	鮮	鮮	鮮	鮮	鮮
고울 선							

훈 : 말씀, 달래다, 기뻐하다, 벗다 / 음 : 설(세, 열, 탈) /

부수 : 言 (말씀 언) / 총획 : 14획

글자의 다른 훈과 음 : 말씀 설/달랠 세/기뻐할 열/벗을 탈
설명(說明) : 어떤 일이나 대상의 내용을 상대편이 잘 알 수 있도록 밝혀 말함.
역설(逆說) : 어떤 주의나 주장에 반대되는 이론이나 말.

말씀 설

言 言 訁 訡 訡 說

說	說	說	說	說	說	說	說
말씀 설							

훈 : 성품, 성질 / 음 : 성 / 총획 : 8획

부수 : 忄 (마음 심/심방변)

성격(性格) : 개인이 가지고 있는 고유의 성질이나 품성. 어떤 사물이나 현상의 본질이나 본성.
성능(性能) : 기계 따위가 지닌 성질이나 기능.

성품 성

忄 忄 忄 忄 性 性

性 성품 성	性	性	性	性	性	性

훈 : 일 년, 해 / 음 : 세 / 총획 : 13획

부수 : 止 (그칠 지)

세월(歲月) : 흘러가는 시간. 살아가는 세상.
세배(歲拜) : 섣달 그믐이나 정초에 웃어른께 인사로 하는 절
만세(萬歲) : 경축하거나 환호하여 외치는 말. 썩 많은 햇수, 만년

해 세

止 广 芹 芦 歲 歲

歲 해 세	歲	歲	歲	歲	歲	歲

洗
씻을 세

훈 : 씻다, 깨끗하다 / 음 : 세 / 총획 : 9획

부수 : 氵(삼수변)

세수(洗手) : 손이나 얼굴을 씻음.
세차(洗車) : 차체, 바퀴, 기관 따위에 묻은 먼지나 흙 따위를 씻음.

氵 氵 沖 沖 洸 洗

洗	洗	洗	洗	洗	洗	洗
씻을 세						

束
묶을 속

훈 : 묶다, 매다 / 음 : 속 / 총획 : 7획

부수 : 木 (나무 목)

속박(束縛) : 어떤 행위나 권리의 행사를 자유로이 하지 못하도록 강압적으로 얽어매거나 제한함.
구속(拘束) : 행동이나 의사의 자유를 제한하거나 속박함.

一 𠁼 𠁼 㦮 束 束

束	束	束	束	束	束	束
묶을 속						

훈 : 머리, 우두머리 / 음 : 수 / 총획 : 9획

부수 : 首 (제부수)

수장(首長) : 위에서 중심이 되어 집단이나 단체를 지배·통솔하는 사람.
수긍(首肯) : 옳다고 인정함. '옳게 여김'으로 순화.

丶 丷 产 产 首

首	首	首	首	首	首	首
머리 수						

훈 : 자다, 지키다, 성수(여러 별자리) / 음 : 숙 / 총획 : 11획

부수 : 宀 (집면/갓머리)

숙명(宿命) : 날 때부터 타고난 정해진 운명. 또는 피할 수 없는 운명.
숙제(宿題) : 학생들에게 복습이나 예습을 위하여 집에서 하도록 내주는 과제. 두고 생각해 보거나 해결해야 할 문제.

宀 宀 宀 宿 宿

宿		宿	宿	宿	宿	宿	宿
잘 숙	성수 수						

훈 : 순하다, 좇다 / 음 : 순 / 총획 : 12획

부수 : 頁 (머리 혈)

순번(順番) : 차례대로 돌아가는 번. 또는 그런 순서. 순서대로 매겨지는 번호. '차례'로 순화.

획순(劃順) : 글씨를 쓸 때 획을 긋는 순서.

순할 순

川 兀 顺 順 順 順

順						
순할 순						

훈 : 보이다, 보다 / 음 : 시 / 총획 : 5획

부수 : 示 (제부수)

시범(示範) : 모범을 보임.

전시(展示) : 여러 가지 물품을 한 곳에 벌여 놓고 보임. 책, 편지 따위를 펴서 봄. 또는 펴서 보임.

보일 시

一 二 于 示 示

示						
보일 시						

識

훈 : 알다, 지식, 기록하다 / 음 : 식(지) / 총획 : 19획

부수 : 言 (말씀 언)

알 식

지식(知識) : 어떤 대상에 대하여 배우거나 실천을 통하여 알게 된 명확한 인식이나 이해. 알고 있는 내용이나 사물.

표지(標識) : 표시나 특징으로 어떤 사물을 다른 것과 구별하게 함.

言　䚾　諳　識　識　識

識	識	識	識	識	識	識
알 식 / 기록할 지						

臣

훈 : 신하, 두렵다 / 음 : 신 / 총획 : 6획

부수 : 臣 (제부수)

신하 신

신하(臣下) : 임금을 섬기어 벼슬하는 사람.

사신(使臣) : 임금이나 국가의 명령을 받고 외국에 사절로 가는 신하.

一　丆　丆　臣　臣　臣

臣	臣	臣	臣	臣	臣	臣
신하 신						

實

열매 실

훈 : 열매, 씨 / 음 : 실 / 총획 : 14획

부수 : 宀 (집 면/갓머리)

실감(實感) : 실제로 체험하는 느낌.
실력(實力) : 실제로 갖추고 있는 힘이나 능력. 강제력이나 무력.

宀 宀 宀 宀 實 實

實 열매 실	實	實	實	實	實	實

兒

아이 아

훈 : 아이, 어리다 / 음 : 아 / 총획 : 8획

부수 : 儿 (걷는사람 인)

원아(院兒) : 육아원, 고아원과 같이 수용 시설에서 기르는 어린이.
아동(兒童) : 신체적·지적으로 미숙한 단계에 있는 사람. 초등학생. 아동 복지법에서, 18세 미만의 사람을 이르는 말.

ㄈ 臼 臼 臼 兒 兒

兒 아이 아	兒	兒	兒	兒	兒	兒

훈 : 악하다, 미워하다 / **음** : 악(오) / **총획** : 12획

부수 : 心 (마음 심)

악당(惡黨) : 악한 사람의 무리. 나쁜 짓을 일삼는 사람.
증오(憎惡) : 아주 사무치게 미워함. 또는 그런 마음.

악할악

惡	惡	惡	惡	惡	惡	惡
악할 악	미워할 오					

훈 : 책상, 소반 / **음** : 안 / **총획** : 10획

부수 : 木 (나무 목)

안내(案内) : 어떤 내용을 소개하여 알려 줌. 사정을 잘 모르는 사람을 가고
자 하는 곳까지 데려다 주거나 여러 가지 사정을 알려 줌.
답안(答案) : 문제의 해답. 또는 그 해답을 쓴 것.

책상안

案	案	案	案	案	案	案
책상 안						

훈 : 맺다, 믿다 / 음 : 약(요) / 총획 : 9획

부수 : 糸 (실 사)

약속(約束) : 다른 사람과 앞으로의 일을 어떻게 할 것인가를 미리 정하여 둠. 또는 그렇게 정한 내용

절약(節約) : 함부로 쓰지 아니하고 꼭 필요한 데에만 써서 아낌.

맺을 약

幺 糹 糸 糹 約 約

約	約	約	約	約	約	約
맺을 약	믿을 요					

훈 : 기르다, 자라다 / 음 : 양 / 총획 : 15획

부수 : 食 (밥 식)

양육(養育) : 아이를 보살펴서 자라게 함.

입양(入養) : 양자를 들이거나 양자로 들어감. 양친과 양자가 법률적으로 친부모와 친자식의 관계를 맺는 신분 행위.

기를 양

羊 美 养 養 養 養

養	養	養	養	養	養	養
기를 양						

훈 : 물고기, 고기잡다 / 음 : 어 / 총획 : 14획

부수 : 氵(삼수변)

어선(漁船) : 고기잡이를 하는 배. 고기잡이배
출어(出漁) : 물고기를 잡으러 배가 나감.

氵 氵 泠 浴 渔 漁

漁	漁	漁	漁	漁	漁	漁
고기잡을 어						

훈 : 물고기, 어대 / 음 : 어 / 총획 : 11획

부수 : 魚 (제부수)

어류(魚類) : 물 속에서 살기에 알맞은 모양새로, 몸은 비늘로 덮이고, 아가미로 숨을 쉬며, 지느러미로 헤엄을 치는 등뼈동물의 일종.
인어(人魚) : 상반신은 사람, 하반신은 물고기와 같다는 상상의 바다 동물.

丿 刀 夕 伍 鱼 魚

魚	魚	魚	魚	魚	魚	魚
고기 어						

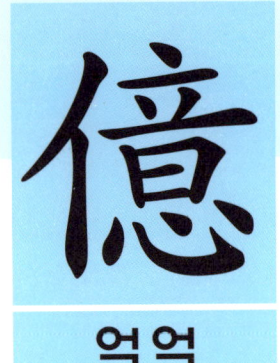

훈 : 억, 헤아리다 / 음 : 억 / 총획 : 15획

부수 : 亻 (사람인변)

억만장자(億萬長者) : 헤아리기 어려울 만큼 많은 재산을 가진 사람.
억대(億代) : 아주 멀고 오랜 세대.

억 억

亻 亻 佇 倍 億 億

億						
억 억						

훈 : 열, 더위 / 음 : 열 / 총획 : 15획

부수 : 灬 (불 화)

열심(熱心) : 어떤 일에 온 정성을 다하여 골똘하게 힘씀. 또는 그런 마음.
열광(熱狂) : 너무 기쁘거나 흥분하여 미친 듯이 날뜀. 또는 그런 상태.

더울 열

土 夫 幸 執 熱 熱

熱						
더울 열						

葉

훈 : 잎, 대 / **음** : 엽 / **총획** : 13획

부수 : 艹 (풀 초/초두머리)

엽서(葉書) : 우편엽서. 그림엽서.
엽전(葉錢) : 예전에 사용하던, 놋쇠로 만든 돈. 둥글고 납작하며 가운데에 네모진 구멍이 있다.

잎 엽

艹 芊 芊 芢 葉 葉

葉 잎 엽	葉	葉	葉	葉	葉	葉

屋

훈 : 집, 지붕 / **음** : 옥 / **총획** : 9획

부수 : 尸 (주검 시)

가옥(家屋) : 사람이 사는 집.
옥외(屋外) : 집 또는 건물의 밖.

집 옥

尸 尸 戶 居 屋 屋

屋 집 옥	屋	屋	屋	屋	屋	屋

훈 : 완전하다, 끝내다 / 음 : 완 / 총획 : 7획

부수 : 宀 (갓머리)

완전(完全) : 필요한 것이 모두 갖추어져 모자람이나 흠이 없음.
미완성(未完成) : 아직 덜 됨.

마칠 완

丶 宀 宀 宀 宇 完

完	完	完	完	完	完	完
마칠 완						

훈 : 빛, 일월성 / 음 : 요 / 총획 : 18획

부수 : 日 (날 일)

요일(曜日) : 일주일의 각 날을 이르는 말.
요령(曜靈) : '태양(太陽)'을 달리 이르는 말.

빛날 요

日 日⁷ 日⁷⁷ 日⁷⁷ 日⁷⁷ 曜

曜	曜	曜	曜	曜	曜	曜
빛날 요						

중요할 요

훈 : 구하다, 중요하다, 살피다 / 음 : 요 / 총획 : 9획

부수 : 襾 (덮을 아)

요령(要領) : 가장 긴요하고 으뜸이 되는 골자나 줄거리. 일을 하는 데 꼭 필요한 묘한 이치. 적당히 해 넘기는 잔꾀.

요약(要約) : 말이나 글의 요점을 잡아서 간추림.

一 丆 西 要

要						
중요할 요						

목욕 욕

훈 : 목욕하다 / 음 : 욕 / 총획 : 10획

부수 : 氵 (삼수변)

해수욕장(海水浴場) : 해수욕을 할 수 있는 환경과 시설이 갖추어진 바닷가.

삼림욕(森林浴) : 병 치료나 건강을 위하여 숲에서 산책하거나 온몸을 드러내고 숲 기운을 쐬는 일.

氵 氵 氵 氵 浴 浴

浴						
목욕 욕						

훈: 벗, 우애 / **음**: 우 / **총획**: 4획

부수: 又 (또 우)

우정(友情): 친구 사이의 정.
학우(學友): 같이 공부하는 벗. 같은 학문을 하는 벗.

벗 우

一 ナ 方 友

友	友	友	友	友	友	友	友
벗 우							

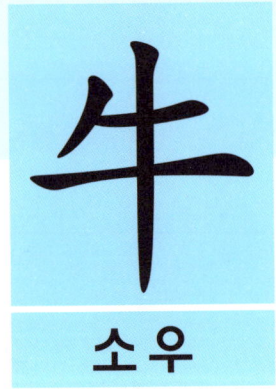

훈: 소, 별 이름 / **음**: 우 / **총획**: 4획

부수: 牛 (제부수)

우유(牛乳): 소의 젖. 아이스크림·버터·치즈 따위의 원료로도 쓴다.
우이독경(牛耳讀經): 쇠귀에 경 읽기라는 뜻으로, 아무리 가르치고 일러 주어도 알아듣지 못함을 이르는 말.

소 우

丿 ㅗ ㅗ 牛

牛	牛	牛	牛	牛	牛	牛	牛
소 우							

雨

훈 : 비 / **음** : 우 / **총획** : 8획

부수 : 雨 (제부수)

우산(雨傘) : 우비(雨備)의 하나. 펴고 접을 수 있어 비가 올 때에 펴서 손에 들고 머리 위를 가린다.

측우기(測雨器) : 조선 세종 23년(1441)에 만든 세계 최초의 우량계.

一 ㄏ 厂 币 雨 雨

雨	雨	雨	雨	雨	雨	雨
비 우						

雲

훈 : 구름, 하늘 / **음** : 운 / **총획** : 12획

부수 : 雨 (비 우)

운해(雲海) : 구름이 덮인 바다. 바닷물이나 호수가 구름에 닿아 보이는 먼 곳. 높은 곳에서 내려다보았을 때 바다처럼 널리 깔린 구름.

청운(青雲) : 푸른 빛깔의 구름. 높은 지위나 벼슬을 비유적으로 이르는 말.

㇀ 帀 需 雲 雲 雲

雲	雲	雲	雲	雲	雲	雲
구름 운						

수컷 웅

훈 : 수컷, 영웅 / 음 : 웅 / 총획 : 12획

부수 : 隹 (새 추)

웅변(雄辯) : 조리가 있고 막힘이 없이 당당하게 말함. 그런 말이나 연설.
영웅(英雄) : 재능과 지혜가 비범하여 대중을 영도하고 세상을 경륜할 만한 사람. 재능과 담력이 뛰어난 사람

ナ ナ 圡 圡 圡 雄

雄	雄	雄	雄	雄	雄	雄
수컷 웅						

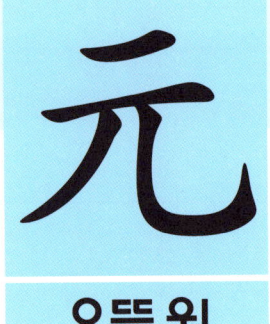

으뜸 원

훈 : 으뜸, 근원 / 음 : 원 / 총획 : 4획

부수 : 儿 (걷는사람 인)

원금(元金) : 돈을 꾸거나 빌릴 때에 꾸거나 빌린, 이자를 제외한 원래의 액수.
단원(單元) : 어떤 주제나 내용을 중심으로 묶은 학습 단위. 내용에 따라 교재 단원, 경험 단원, 문제 단원, 작업 단원 따위로 나눈다.

一 二 テ 元

元	元	元	元	元	元	元
으뜸 원						

院

훈: 집, 절, 담 / **음**: 원 / **총획**: 10획

부수: 阝 (언덕 부/좌부변)

학원(學院): 학교. 학교 설치 기준의 여러 조건을 갖추지 아니한 사립 교육 기관. 교육 과정에 따라 지식, 기술, 예체능 교육을 행한다.

원내(院內): 병원, 연구원 따위와 같이 '원(院)' 자가 붙은 각종 기관의 안.

阝 阝 阡 阡 阡 陀 院

집 원

願

훈: 바라다, 원하다, 빌다 / **음**: 원 / **총획**: 19획

부수: 頁 (머리 혈)

민원(民願): 주민이 행정 기관에 대하여 원하는 바를 요구하는 일.
기원(祈願): 바라는 일이 이루어지기를 빎.

厂 厈 原 原 願 願

바랄 원

훈 : 근원, 언덕 / 음 : 원 / 총획 : 10획

부수 : 厂 (민엄호)

원리(原理) : 사물의 근본이 되는 이치. 행위의 규범.
원인(原因) : 어떤 사물이나 상태를 변화시키거나 일으키게 하는 근본이 된 일이나 사건.

근원 원

一 厂 厂 厂 原 原

原	原	原	原	原	原	原
근원 원						

훈 : 크다, 성하다 / 음 : 위 / 총획 : 11획

부수 : 亻 (사람인변)

위대(偉大) : 뛰어나고 훌륭함.
위력(偉力) : 위대한 힘. 뛰어난 힘.

클 위

亻 亻 亻 倅 偉 偉

偉	偉	偉	偉	偉	偉	偉
클 위						

훈 : 자리, 벼슬 / 음 : 위 / 총획 : 7획

부수 : 亻 (사람인변)

위상(位相) : 어떤 사물이 다른 사물과의 관계 속에서 가지는 위치나 상태.
품위(品位) : 직품과 직위를 아울러 이르는 말. 사람이 갖추어야 할 위엄이나 기품. 사물이 지닌 고상하고 격이 높은 인상.

자리 위

丿 亻 亻 亻 位 位

位	位	位	位	位	位	位
자리 위						

훈 : 쓰다, 하다 / 음 : 이 / 총획 : 5획

부수 : 人 (사람 인)

이열치열(以熱治熱) : 열은 열로써 다스림. 곧 열이 날 때에 땀을 낸다든지, 더위를 뜨거운 차를 마셔서 이긴다든지, 힘은 힘으로 물리친다는 따위를 이를 때에 흔히 쓰는 말.

써 이

丨 レ レ 以 以

以	以	以	以	以	以	以
써 이						

훈 : 귀, 성하다 / 음 : 이 / 총획 : 6획

부수 : 耳 (제부수)

마이동풍(馬耳東風) : 말의 귀에 동풍이 불어도 아랑곳하지 아니한다는 뜻으로, 남의 말을 귀담아듣지 아니하고 지나쳐 흘려 버림을 이르는 말. 이백의 시에서 유래한 말이다.

一 丆 于 于 王 耳

耳	耳	耳	耳	耳	耳	耳
귀 이						

훈 : 인하다, 말미암다 / 음 : 인 / 총획 : 6획

부수 : 口 (에울 위/큰입구)

인연(因緣) : 사람들 사이에 맺어지는 관계. 어떤 사물과 관계되는 연줄.
원인(原因) : 어떤 사물이나 상태를 변화시키거나 일으키게 하는 근본이 된 일이나 사건.

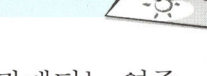

丨 冂 冃 曰 因 因

因	因	因	因	因	因	因
인할 인						

훈 : 맡기다, 일 / 음 : 임 / 총획 : 6획

부수 : 亻 (사람인변)

임원(任員) : 어떤 단체에 소속하여 그 단체의 중요한 일을 맡아보는 사람.
위임(委任) : 어떤 일을 책임 지워 맡김. 또는 그 책임.

丿 亻 亻 仁 仟 任

任 맡길 임	任	任	任	任	任	任

훈 : 두 번, 다시, 거듭 / 음 : 재 / 총획 : 6획

부수 : 冂 (멀 경)

재생(再生) : 낡거나 못 쓰게 된 물건을 가공하여 다시 쓰게 함.
재연(再演) : 연극이나 영화 따위를 다시 상연함. 한 번 하였던 행위나 일을 다시 되풀이함.

一 厂 冂 丙 再 再

再 다시 재	再	再	再	再	再	再

材

재목 재

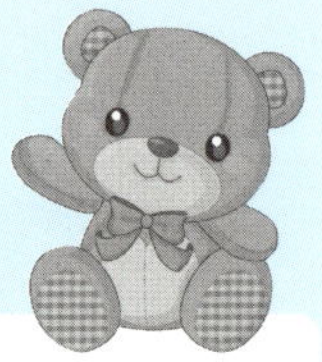

훈 : 재목, 재주 / **음** : 재 / **총획** : 7획

부수 : 木 (나무 목)

재료(材料) : 물건을 만드는 데 들어가는 감. 어떤 일을 하기 위한 거리.

인재(人材) : 학식이나 능력이 뛰어난 사람.

一 十 木 木一 村 材

材	材	材	材	材	材	材	材
재목 재							

災

재앙 재

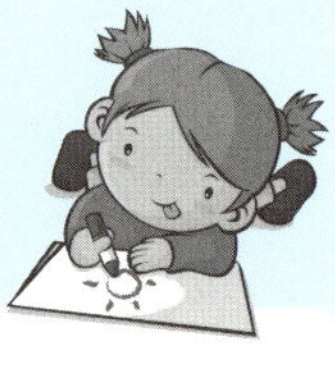

훈 : 재앙, 화재 / **음** : 재 / **총획** : 7획

부수 : 火 (불 화)

재앙(災殃) : 뜻하지 아니하게 생긴 불행한 변고. 또는 천재지변으로 인한 불행한 사고.

천재지변(天災地變) : 지진, 홍수, 태풍 따위의 자연현상으로 인한 재앙.

く 巜 巛 巛 災 災

災	災	災	災	災	災	災	災
재앙 재							

훈 : 재물, 재화 / 음 : 재 / 총획 : 10획

부수 : 貝 (조개 패)

재물(財物) : 돈이나 그 밖의 값나가는 모든 물건.
횡재(橫財) : 뜻밖에 재물을 얻음. 또는 그 재물.

재물 재

冂　目　貝　貝　財　財

財 財	財	財	財	財	財	財
재물 재						

훈 : 다투다, 다스리다 / 음 : 쟁 / 총획 : 8획

부수 : 爪 (손톱 조)

쟁점(爭點) : 서로 다투는 중심이 되는 점. 소송 당사자 사이에 쟁송(爭訟)의
　　　　　　중심이 되는 내용
경쟁(競爭) : 같은 목적에 대하여 이기거나 앞서려고 서로 겨룸.

다툴 쟁

ノ　ハ　勺　爫　爭　爭

爭 爭	爭	爭	爭	爭	爭	爭
다툴 쟁						

貯
쌓을 저

훈 : 쌓다, 두다 / 음 : 저 / 총획 : 12획

부수 : 貝 (조개 패)

저금(貯金) : 돈을 모아 둠. 또는 그 돈. 금융 기관에 돈을 맡김. 또는 그 돈.
저수지(貯水池) : 물을 모아 두기 위하여 하천이나 골짜기를 막아 만든 큰 못. 관개, 상수도, 수력 발전, 홍수 조절 따위에 쓴다.

目　貝　貝`　貯　貯　貯

的
과녁 적

훈 : 과녁, 표하다 / 음 : 적 / 총획 : 8획

부수 : 白 (흰 백)

적중(的中) : 목표에 꼭 들어맞음. 잘 들어맞는 일. 과녁에 들어 맞음
목적(目的) : 이루려 하는 일. 또는 나아가려고 하는 방향.

亻　白　白　白′　的　的

훈 : 붉다, 빨갛다 / 음 : 적 / 총획 : 7획

부수 : 赤 (제부수)

적조(赤潮) : 동물성 플랑크톤의 이상 번식으로 바닷물이 붉게 물들어 보이는 현상. 바닷물이 부패하기 때문에 어패류가 크게 해를 입는다. '붉은 조류'로 순화.

一 十 土 丂 赤

훈 : 전하다, 주다 / 음 : 전 / 총획 : 13획

부수 : 亻 (사람인변)

전통(傳統) : 어떤 집단이나 공동체에서, 지난 시대에 이미 이루어져 계통을 이루며 전하여 내려오는 사상·관습·행동 따위의 양식.

유전(遺傳) : 물려받아 내려옴. 부모의 형질이 자손에게 전해짐.

亻 佢 俥 俥 傳 傳

법 전

훈 : 법, 가르치다 / 음 : 전 / 총획 : 8획

부수 : 八 (여덟 팔)

고전(古典) : 오랫동안 많은 사람에게 널리 모범이 될 만한 문학이나 예술 작품.

사전(辭典) : 어떤 범위 안에서 쓰이는 낱말을 모아서 일정한 순서로 배열하여 싣고 그 각각의 발음, 의미, 어원, 용법 따위를 해설한 책.

冂 曲 曲 曲 典 典

펼 전

훈 : 펴다, 늘이다 / 음 : 전 / 총획 : 10획

부수 : 尸 (주검 시)

전망(展望) : 넓고 먼 곳을 멀리 바라봄. 또는 멀리 내다보이는 경치. 앞날을 헤아려 내다봄. 또는 내다보이는 장래의 상황.

발전(發展) : 더 낫고 좋은 상태나 더 높은 단계로 나아감.

尸 尸 屈 屈 屈 展

節

훈 : 마디, 절개 / **음** : 절 / **총획** : 15획

부수 : 竹 (대나무 죽)

절약(節約) : 함부로 쓰지 아니하고 꼭 필요한 데에만 써서 아낌
변절(變節) : 절개나 지조를 지키지 않고 바꿈. 계절이 바뀜.

마디 절

竹　答　筲　筲　節　節

節	節	節	節	節	節	節
마디 절						

切

훈 : 끊다, 베다 / **음** : 절 / **총획** : 4획

부수 : 刀 (칼 도)

절실(切實) : 느낌이나 생각이 뼈저리게 강렬한 상태.
품절(品切) : 물건이 다 팔리고 없음. '동남', '동이 남', '물건 없음', '없음' 으로 순화.

끊을 절

一　七　切　切

切	切	切	切	切	切	切
끊을 절						

店

훈 : 가게, 전방 / 음 : 점 / 총획 : 8획

부수 : 广 (집엄/엄호)

상점(商店) : 일정한 시설을 갖추고 물건을 파는 곳.
점원(店員) : 상점에 고용되어 물건을 팔거나 그 밖의 일을 맡아 하는 사람.

가게 점

广 广 广 庐 店 店

店	店	店	店	店	店	店
가게 점						

停

훈 : 머무르다, 멈추다 / 음 : 정 / 총획 : 11획

부수 : 亻 (사람인변)

정지(停止) : 하던 일을 중도(中途)에서 멈춤
정체(停滯) : 사물이 발전하거나 나아가지 못하고 한자리에 머물러 그침.

머무를 정

亻 亻 伫 倠 倳 停

停	停	停	停	停	停	停
머무를 정						

情
뜻 정

훈 : 뜻, 정성 / 음 : 정 / 총획 : 11획

부수 : 忄 (마음심/심방변)

정열(情熱) : 가슴속에서 맹렬하게 일어나는 적극적인 감정.
감정(感情) : 어떤 현상이나 일에 대하여 일어나는 마음이나 느끼는 기분.

忄 忄 忄 情 情 情

情 뜻 정	情	情	情	情	情	情

操
잡을 조

훈 : 잡다, 쥐다, 지조 / 음 : 조 / 총획 : 16획

부수 : 扌 (손수/재방변)

조작(操作) : 기계 따위를 일정한 방식에 따라 다루어 움직임.
지조(志操) : 원칙과 신념을 굽히지 아니하고 끝까지 지켜 나가는 꿋꿋한 의지. 또는 그런 기개.

扌 扩 护 挹 操 操

操 잡을 조	操	操	操	操	操	操

훈 : 고르다, 맞다, 아침(주) / 음 : 조(주) / 총획 : 15획

부수 : 言 (말씀 언)

조율(調律) : 악기의 음을 표준음에 맞추어 고름. 문제를 어떤 대상에 알맞거나 마땅하도록 조절함을 비유적으로 이르는 말.

강조(强調) : 어떤 부분을 특별히 강하게 주장하거나 두드러지게 함.

고를 조

言 訂 訂 訂 調 調

調	調	調	調	調	調	調	調
고를 조	아침 주						

훈 : 군사, 마치다 / 음 : 졸 / 총획 : 8획

부수 : 十 (열 십)

졸업(卒業) : 학생이 규정에 따라 소정의 교과 과정을 마침. 어떤 일이나 기술, 학문 따위에 통달하여 익숙해짐.

졸도(卒倒) : 갑자기 정신을 잃고 쓰러짐. 또는 그런 일.

마칠 졸

丶 亠 亡 亢 卒 卒

卒	卒	卒	卒	卒	卒	卒	卒
마칠 졸							

훈 : 끝내다, 마치다 / 음 : 종 / 총획 : 11획

부수 : 糸 (실 사)

종료(終了) : 어떤 행동이나 일 따위를 끝마침. '끝남', '마침'으로 순화.

자초지종(自初至終) : 처음부터 끝까지 이르는 동안 또는 그 사실.

마칠 종

糸 糸 紗 終 終 終

終	終	終	終	終	終	終
마칠 종						

훈 : 씨, 종류 / 음 : 종 / 총획 : 14획

부수 : 禾 (벼 화)

종류(種類) : 사물의 부문을 나누는 갈래. 갈래의 수를 세는 단위.

품종(品種) : 물품의 종류. 농작물, 가축 따위를 분류하는 최종 단계의 이름.

씨 종

禾 禾 秆 稻 種 種

種	種	種	種	種	種	種
씨 종						

罪
죄 죄

훈 : 죄, 허물, 죄를 주다 / 음 : 죄 / 총획 : 13획

부수 : 罒 (그물 망)

범죄(犯罪) : 법규를 어기고 저지른 잘못.
여죄(餘罪) : 주(主)가 되는 죄 이외의 다른 죄.

丨 冂 罒 四 罗 罪 罪 罪

罪	罪	罪	罪	罪	罪	罪
죄 죄						

週
돌 주

훈 : 돌다, 두르다 / 음 : 주 / 총획 : 12획

부수 : 辶 (쉬엄쉬엄갈 착/책받침)

주번(週番) : 한 주일 동안씩 교대로 하는 근무. 또는 그 근무를 서는 사람.
금주(今週) : 이번 주일. '이번 주'로 순화.

週	週	週	週	週	週	週
돌 주						

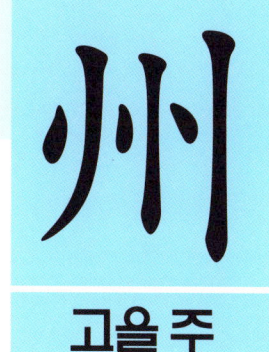

고을 주

훈 : 고을, 마을 / 음 : 주 / 총획 : 6획

부수 : 川 (내 천)

주군(州郡) : 주와 군을 아울러 이르는 말. '지방(地方)'을 달리 이르는 말.
주현(州縣) : 주와 현을 아울러 이르는 말. 지방(地方).

丶 丿 丿丨 丿丨丨 丿丨丨丨 州

州 고을 주	州	州	州	州	州	州	州

그칠 지

훈 : 그치다, 이르다 / 음 : 지 / 총획 : 4획

부수 : 止 (제부수)

정지(停止) : 움직이고 있던 것이 멎거나 그침. '멈춤'으로 순화.
해지(解止) : 계약 당사자 한쪽의 의사 표시에 의하여 계약에 기초한 법률관계를 소멸하는 것.

丨 丨丨 止 止

止 그칠 지	止	止	止	止	止	止	止

훈 : 알다, 깨닫다 / 음 : 지 / 총획 : 8획

부수 : 矢 (화살 시)

지각(知覺) : 알아서 깨달음. 또는 그런 능력. 사물의 이치나 도리를 분별하는 능력.

인지(認知) : 어떤 사실을 인정하여 앎.

알 지

ノ 𠂉 矢 矢 知 知 知

知	知	知	知	知	知	知
알 지						

훈 : 바탕, 모양, 폐백 / 음 : 질(지) / 총획 : 15획

부수 : 貝 (조개 패)

질문(質問) : 모르거나 의심나는 점을 물음

성질(性質) : 사람이 지닌 마음의 본바탕. 사물이나 현상이 가지고 있는 고유의 특성.

바탕 질

斤 斦 斦 斦 質 質 質

質	質	質	質	質	質	質
바탕 질	폐백 지					

着 붙을 착

훈 : 입다, 붙다 / 음 : 착 / 총획 : 12획

부수 : 羊 (양 양)

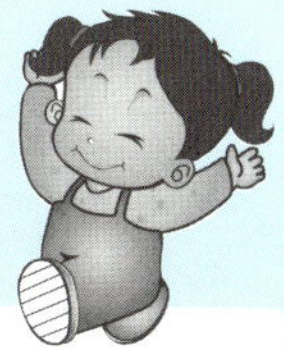

착공(着工) : 공사를 시작함.
귀착(歸着) : 다른 곳에서 어떤 곳으로 돌아오거나 돌아가 닿음. 의논이나 의견 따위가 여러 경로를 거쳐 어떤 결론에 다다름.

丷 䒑 羊 羊 羊 着 着

唱 부를 창

훈 : 부르다, 노래 / 음 : 창 / 총획 : 11획

부수 : 口 (입 구)

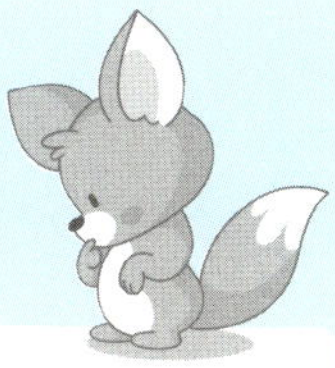

합창(合唱) : 여러 사람이 목소리를 맞추어서 노래를 부름. 또는 그 노래.
애창곡(愛唱曲) : 즐겨 부르는 노래.

口 미 叩 唱 唱 唱

꾸짖을 책

훈 : 꾸짖다, 구하다, 빚 / 음 : 책(채) / 총획 : 11획

부수 : 貝 (조개 패)

책임(責任) : 맡아서 해야 할 임무나 의무. 어떤 일에 관련되어 그 결과에 대하여 지는 의무나 부담. 또는 그 결과로 받는 제재(制裁).

자책(自責) : 자신의 잘못에 대하여 스스로 깊이 뉘우치고 자신을 책망함.

一 十 主 青 青 責

責	責	責	責	責	責	責
꾸짖을 책	빚 채					

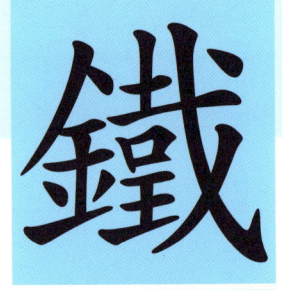

쇠 철

훈 : 쇠, 철물 / 음 : 철 / 총획 : 21획

부수 : 金 (쇠 금)

철도(鐵道) : 침목 위에 철제의 궤도를 설치하고, 그 위로 차량을 운전하여 여객과 화물을 운송하는 시설.

철칙(鐵則) : 바꾸거나 어길 수 없는 중요한 법칙.

鈝 鈝 銈 鐵 鐵 鐵

鐵	鐵	鐵	鐵	鐵	鐵	鐵
쇠 철						

훈 : 처음 / 음 : 초 / 총획 : 7획

부수 : 刀 (칼 도)

초급(初級) : 맨 처음 또는 제일 낮은 등급이나 단계.
초보(初步) : 걸어갈 때의 첫 걸음. 학문이나 기술 따위를 익힐 때의 그 처음 단계나 수준.

ㄱ ㅜ ㅊ ㅊ 初 初

初	初	初	初	初	初	初
처음 초						

훈 : 가장, 극진하다 / 음 : 최 / 총획 : 12획

부수 : 日 (가로 왈)

최악(最惡) : 가장 나쁨.
최고(最高) : 가장 높음. 으뜸인 것. 또는 으뜸이 될 만한 것.

日 早 早 冣 最 最

最	最	最	最	最	最	最
가장 최						

93

훈 : 빌다, 기원하다 / 음 : 축 / 총획 : 10획

부수 : 示 (보일 시)

축제(祝祭) : 축하하여 벌이는 큰 규모의 행사. '잔치', '축전'으로 순화. 축하와 제사를 통틀어 이르는 말.

자축(自祝) : 자기에게 생긴 좋은 일을 스스로 축하함.

빌 축

丁 亍 示 礻 祀 祝

祝	祝	祝	祝	祝	祝	祝
빌 축						

훈 : 가득하다, 채우다, 막다 / 음 : 충 / 총획 : 5획

부수 : 儿 (어진사람인발)

충실(充實) : 내용이 알차고 단단함. 주로 아이들의 몸이 건강하여 튼튼함.

보충(補充) : 부족한 것을 보태어 채움. 모자란 부분을 채워서 완전한 형태를 갖추는 일.

가득할 충

丶 亠 亡 去 亢 充

充	充	充	充	充	充	充
가득할 충						

훈 : 이르다, 버리다 / 음 : 치 / 총획 : 10획

부수 : 至 (이를 지)

일치(一致) : 비교되는 대상들이 서로 어긋나지 아니하고 같거나 들어맞음.
운치(韻致) : 고상하고 우아한 멋.
치명(致命) : 죽을 지경에 이름.

이를 치

一 厂 互 至 致 致

致	致	致	致	致	致	致
이를 치						

훈 : 법칙 본받다, 곧 / 음 : 칙(즉) / 총획 : 9획

부수 : 刂 (선칼도)

법칙(法則) : 반드시 지켜야만 하는 규범.
규칙(規則) : 여러 사람이 다 같이 지키기로 작정한 법칙. 또는 제정된 질서.

법칙

目 貝 則 則

則	則	則	則	則	則	則
법 칙	곧 즉					

훈 : 다르다, 다른 일 / 음 : 타 / 총획 : 5획

부수 : 亻(사람인변)

타산지석(他山之石) : 다른 산의 나쁜 돌이라도 자신의 산의 옥돌을 가는 데에 쓸 수 있다는 뜻.

타향(他鄕) : 자기 고향이 아닌 고장.

다를 타

ノ 亻 亻 他 他

他	他	他	他	他	他	他
다를 타						

훈 : 치다, 밀다 / 음 : 타 / 총획 : 5획

부수 : 扌(손수/재방변)

타격(打擊) : 때려 침. 어떤 일에서 손실을 봄. 야구에서 던진 공을 치는 일.

안타(安打) : 야구에서 수비수의 실책이 없이 타자가 한 베이스 이상을 갈 수 있게 공을 치는 일.

칠 타

一 十 扌 扌 打

打	打	打	打	打	打	打
칠 타						

훈 : 높다, 멀다 / 음 : 탁 / 총획 : 8획

부수 : 十 (열 십)

탁구(卓球) : 나무로 만든 대(臺)의 가운데에 네트를 치고 라켓으로 공을 쳐 넘겨 승부를 겨루는 구기 경기.

식탁(食卓) : 음식을 차려 놓고 둘러앉아 먹게 만든 탁자.

卜 占 卢 卣 卓 卓

卓 높을 탁	卓	卓	卓	卓	卓	卓

훈 : 숯, 숯불 / 음 : 탄 / 총획 : 9획

부수 : 火 (불 화)

석탄(石炭) : 오랜 옛날의 식물질이 지각 속에 묻혀 쌓여 점차 분해, 탄화된 고체 연료, 땅에서 캐 내는 돌같은 숯.

탄광(炭鑛) : 석탄을 캐내는 광산.

山 屵 岸 炭 炭

炭 숯 탄	炭	炭	炭	炭	炭	炭

훈 : 집, 댁, 자리 / 음 : 택(댁) / 총획 : 6획

부수 : 宀 (갓머리)

宅

집 택

가택(家宅) : 살고 있는 집. 또는 살림하는 집.
주택(住宅) : 사람이 들어가 살 수 있게 지은 건물.

丶 宀 宀 宅 宅 宅

宅	宅	宅	宅	宅	宅	宅
집 택	댁 댁					

훈 : 널빤지, 판자 / 음 : 판 / 총획 : 8획

부수 : 木 (나무 목)

板

널 판

강판(薑板) : 무, 생강, 과일 따위를 갈아 즙을 내거나 채를 만들기 위하여 사용하는, 표면이 거칠게 생긴 도구.
화판(畵板) : 그림을 그릴 때 종이나 천을 받치는 판. 유화를 그리는 판자.

十 木 朼 朸 板 板

板	板	板	板	板	板	板
널 판						

훈 : 패하다, 지다 / 음 : 패 / 총획 : 11획

부수 : 攵 (칠 복/등글월문)

패배(敗北) : 겨루어서 짐.
실패(失敗) : 일을 잘못하여 뜻한 대로 되지 아니하거나 그르침.

패할 패

目 貝 貝 貯 貯 敗

敗	敗	敗	敗	敗	敗	敗
패할 패						

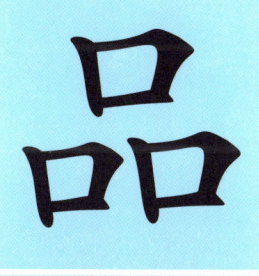

훈 : 물건, 온갖 / 음 : 품 / 총획 : 9획

부수 : 口 (입 구)

품격(品格) : 사람된 바탕과 타고난 성품. 사물 따위에서 느껴지는 품위.
부품(部品) : 기계 따위의 어떤 부분에 쓰는 물품.

물건 품

ㅣ ㅁ ㅁ 묘 品 品

品	品	品	品	品	品	品
물건 품						

훈 : 반드시, 오로지 / **음** : 필 / **총획** : 5획

부수 : 心 (마음 심)

필독(必讀) : 반드시 읽어야 함. 또는 반드시 읽음.
필승(必勝) : 반드시 이김.

반드시 필

`、 ソ 必 必 必`

必	必	必	必	必	必	必
반드시 필						

훈 : 붓, 쓰다 / **음** : 필 / **총획** : 12획

부수 : 竹 (대나무 죽)

필기(筆記) : 글씨를 씀. 강의, 강연, 연설 따위의 내용을 받아 적음.
필순(筆順) : 글씨를 쓸 때의 획(劃)의 순서.

붓 필

`竺 竺 竺 笒 筀 筆`

筆	筆	筆	筆	筆	筆	筆
붓 필						

河

강물 하

훈 : 강물, 물, 황하, 은하 / **음** : 하 / **총획** : 8획

부수 : 氵 (삼수변)

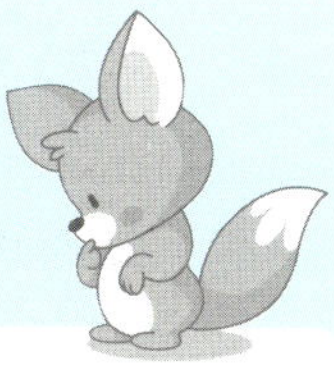

하천(河川) : 강과 시내를 아울러 이르는 말. '내'로 순화.

빙하(氷河) : 육상에 퇴적한 거대한 얼음 덩어리가 중력에 의하여 강처럼 흐르는 것.

氵 沪 沪 沪 沪 河

河	河	河	河	河	河	河	河
강물 하							

寒

찰 한

훈 : 차다, 춥다 / **음** : 한 / **총획** : 12획

부수 : 宀 (갓머리)

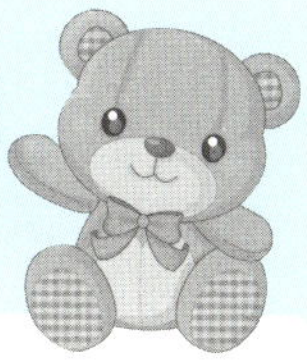

한파(寒波) : 겨울철에 기온이 갑자기 내려가는 현상. 한랭 기단이 위도가 낮은 지방으로 이동하면서 생긴다.

극한(極限) : 한계. 사물이 진행하여 도달할 수 있는 최후의 단계나 지점.

宀 宀 宀 宑 寒 寒

寒	寒	寒	寒	寒	寒	寒	寒
찰 한							

害

해할 해

훈 : 해치다, 훼방, 어느 / 음 : 해(할) / 총획 : 10획

부수 : 宀 (갓머리)

해독(解讀) : 어려운 문구 따위를 읽어 이해하거나 해석함. 잘 알 수 없는 암호나 기호 따위를 읽어서 풂.

방해(妨害) : 남의 일에 훼살을 놓아 해를 끼침.

宀 宀 宁 宝 害 害

害	害	害	害	害	害	害
해할 해	어느 할					

許

허락할 허

훈 : 허락, 편들다, 영차 / 음 : 허(호) / 총획 : 11획

부수 : 言 (말씀 언)

허락(許諾) : 청하는 일을 하도록 들어줌.

허용(許容) : 허락하여 너그럽게 받아들임. 주로 각종 경기에서 막아야 할 것을 막지 못하여 당함. 또는 그런 일.

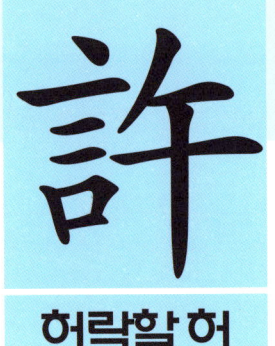

` ` 言 許 許 許

許	許	許	許	許	許	許
허락할 허	영차 호					

훈: 호수 / **음**: 호 / **총획**: 12획

부수: 氵 (삼수 변)

호수(湖水): 땅이 우묵하게 들어가 물이 괴어 있는 곳. 못이나 늪보다 훨씬 넓고 깊다.

호반(湖畔): 호숫가.

호수 호

湖	湖	湖	湖	湖	湖	湖
호수 호						

훈: 되다, 화하다, 변화하다 / **음**: 화 / **총획**: 4획

부수: 匕 (비수 비)

화석(化石): 지질 시대 동식물의 유해와 활동 흔적이 퇴적물 중에 매몰된 채로 또는 지상에 보존되어 남아 있는 것을 통틀어 이르는 말.

미화(美化): 아름답게 꾸밈.

될 화

化	化	化	化	化	化	化
될 화						

患

훈 : 근심, 병 / 음 : 환 / 총획 : 11획

부수 : 心 (마음 심)

환란(患亂) : 근심과 재앙을 통틀어 이르는 말.
병환(病患) : '병(病)'의 높임말.

근심 환

口 吕 串 串 患 患

患 근심 환	患	患	患	患	患	患

效

훈 : 본받다, 공 / 음 : 효 / 총획 : 10획

부수 : 攵 (칠 복/등글월문)

효력(效力) : 약 따위를 사용한 후에 얻는 보람. 법률이나 규칙 따위의 작용.
특효(特效) : 특별한 효험.

본받을 효

亠 亥 玄 交 效 效

效 본받을 효	效	效	效	效	效	效

훈 : 흉하다, 재앙 / 음 : 흉 / 총획 : 4획

부수 : 凵 (입벌릴 감/위터진입구)

흉가(凶家) : 사는 사람마다 흉한 일을 당하는 불길한 집.
길흉(吉凶) : 운이 좋고 나쁨.

흉할 흉

ノ ㄨ 凶 凶

凶	凶	凶	凶	凶	凶	凶	凶
흉할 흉							

훈 : 검다, 흑색 / 음 : 흑 / 총획 : 12획

부수 : 黑 (제부수)

흑백(黑白) : 검은색과 흰색을 아울러 이르는 말. 색조가 검은색의 짙고 옅음으로 이루어진 것. 옳고 그름.
흑심(黑心) : 음흉하고 부정한 욕심이 많은 마음.

검을 흑

冂 冂 四 甲 里 黑

黑	黑	黑	黑	黑	黑	黑	黑
검을 흑							

5급 한자능력검정시험 기출문제

[問 1~35] 다음 漢字의 讀音을 쓰세요.

[1] 到着
[2] 末期
[3] 案件
[4] 奉仕
[5] 過客
[6] 作曲
[7] 必要
[8] 節約
[9] 冷情
[10] 鐵窓
[11] 良質
[12] 種類
[13] 序頭
[14] 開店
[15] 變則
[16] 停止
[17] 原因
[18] 知識
[19] 材料
[20] 卓球
[21] 善惡
[22] 寒害
[23] 敗亡
[24] 競爭
[25] 最終
[26] 勞使
[27] 黑板
[28] 順位
[29] 實査
[30] 熱望
[31] 性格
[32] 結氷
[33] 廣野
[34] 技術
[35] 法規

[問 36~58] 다음 漢字語의 訓과 音을 쓰세요.

〈例〉

字 ⟶ 글자 자

[36] 改
[37] 感
[38] 勇
[39] 綠
[40] 流
[41] 旅
[42] 獨
[43] 費
[44] 倍
[45] 朗
[46] 買
[47] 救
[48] 船
[49] 給
[50] 都
[51] 商
[52] 貯
[53] 院
[54] 固
[55] 責
[56] 領
[57] 效
[58] 養

5급 한자능력검정시험 기출문제

[問 59~73] 다음 밑줄 친 漢字語를 漢字로 쓰세요.

[59] <u>공기</u>가 맑습니다.
[60] <u>장소</u>가 넓습니다.
[61] <u>소년</u>단에 들었습니다.
[62] 답안지에 <u>성명</u>을 꼭 씁니다.
[63] 마당에 <u>화초</u>가 많습니다.
[64] <u>교실</u>이 깨끗합니다.
[65] 효도하는 마음을 <u>효심</u>이라고 합니다.
[66] <u>정직</u>한 마음이 으뜸입니다.
[67] <u>오후</u> 날씨가 선선합니다.
[68] <u>농촌</u>은 공기가 맑습니다.
[69] 체육 <u>시간</u>은 즐겁습니다
[70] 그것은 내가 <u>애용</u>하는 물건입니다.
[71] <u>동서</u> 방향이 확 트인 곳입니다.
[72] <u>토지</u>가 좋아 농사가 잘 됩니다.
[73] <u>매일</u> 아침 세수를 합니다.

[問 74~78] 다음 訓과 音에 맞는 漢字를 쓰세요.

[74] 나무 수
[75] 푸를 청
[76] 통할 통
[77] 뿌리 근
[78] 뜻 의

[問 79-81] 다음 한자와 뜻이 相對 또는 反對되는 한자를 쓰세요.

[79] 夏 ↔ (   )   [80] 舊 ↔ (   )   [81] 遠 ↔ (   )

[問 82-85] 다음 (   )에 들어갈 가장 잘 어울리는 漢字語를 <例>에서 찾아 그 번호를 써서 漢字語를 완성하세요.

<例>
① 大書   ③ 春秋   ⑤ 英才   ⑦ 電子
② 安樂   ④ 生老   ⑥ 自手   ⑧ 陸橋

[82] (   )病死   [84] (   )特筆
[83] (   )成家   [85] 萬民(   )

[問 86-88] 다음 漢字와 뜻이 같거나 비슷한 漢字를 <例>에서 찾아 그 번호를 쓰세요.

<例>
① 童   ③ 寫   ⑤ 失
② 言   ④ 品   ⑥ 念

[86] 兒   [87] 思   [88] 談

[問 89-91] 다음 漢字와 음은 같은데 뜻이 다른 漢字를 <例>에서 두 개씩 찾아 그 번호를 쓰세요.

<例>
① 景   ④ 待   ⑦ 當   ⑩ 敬
② 切   ⑤ 的   ⑧ 短   ⑪ 典
③ 團   ⑥ 傳   ⑨ 見   ⑫ 決

[89] 展   [90] 壇   [91] 輕

[問 92-94] 다음 뜻풀이에 맞는 漢字語를 <例>에서 찾아 그 번호를 쓰세요.

<例>
① 度德   ④ 道德   ⑦ 圖德
② 部動算 ⑤ 不洞山 ⑧ 不動産
③ 調線   ⑥ 朝鮮   ⑨ 祖先

[92] 사람이 지켜야 할 도리
[93] 토지나 건물 등의 재산
[94] 우리나라의 옛 이름

[問 95-97] 다음 漢字의 약자[획수를 줄인 漢字]를 쓰세요.

[95] 學
[96] 醫
[97] 晝

[問 98-100] 다음 漢字의 ㉠획은 몇 번째 쓰는지 <例>에서 찾아 그 번호를 쓰세요. (화살표는 ㉠획의 위치와 더불어 획을 쓰는 방향을 나타냅니다.)

<例>
① 첫번째   ④ 네번째   ⑦ 일곱번째
② 두번째   ⑤ 다섯번째 ⑧ 여덟번째
③ 세번째   ⑥ 여섯번째 ⑨ 아홉번째

[98]    [99] 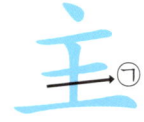   [100]

기출문제 출처 : (사)한국어문회 주관·전국 한자능력검정회 시행 – 제42회 시험문제

한자능력검정시험 5급 配定漢字

5級 읽기 配定漢字 500字

ㄱ 加可價家歌各角間感强江改開客去擧車件健建格見決結景競輕敬京界計固考告古苦高曲公共功工空課過果科觀關廣光橋交敎校救具舊區球口九局國郡軍貴規根近今金給急級技期汽基己旗氣記吉

ㄴ 男南內女年念農能

ㄷ 多壇團短談答當堂代對待大德島都到圖度道獨讀童冬動同洞東頭等登

ㄹ 落樂朗來冷量良旅歷力練令領例禮勞路老綠料流類陸六利李理里林立

ㅁ 馬萬末亡望買賣每面明名命母目木無聞問文門物米美民

ㅂ 朴半反班發放方倍百白番法變別兵病福服本奉部夫父北分不比費鼻氷

ㅅ 寫思査仕史士使死社事四産算山三賞商相上色生序書西席石夕善船選仙鮮線先說雪性成省姓歲洗世消少所小束速孫首樹手數水宿順術習勝示始市時識式植食臣信新神身實矢室心十

ㅇ 兒惡案安愛夜野約弱藥養洋陽漁魚語億言業然熱葉永英午五屋溫完王外曜要浴勇用牛友雨右雲運雄原院願元園遠月位偉油由有育銀音飮邑意衣醫耳以二因人一日任入

ㅈ 者子字自作昨章場長再災材財在才爭貯赤的傳典展戰全前電切節店停情定庭正第題弟操調朝祖族足卒終種左罪州週晝注主住重中止知地紙直質集

ㅊ 着參唱窓責千天川鐵淸靑體初草村寸最秋祝春出充致則親七

ㅌ 他打卓炭太宅土通特

ㅍ 板八敗便平表品風必筆

ㅎ 河下夏學寒漢韓合害海幸行向許現形兄湖號化和畫花話火患活黃會效孝後訓休凶黑

※ 以上 500字 = 6級 配定漢字 300字 + 5級 新習漢字 200字

5級 쓰기配定漢字 300字

ㄱ 家歌各角間感强江開車京界計古苦高公共功工空果科光交敎校區球口九國郡軍根近今金急級旗氣記

ㄴ 男南內女年農

ㄷ 多短答堂代對待大圖度道讀童冬動同洞東頭等登

ㄹ 樂來力例禮路老綠六利李理里林立

ㅁ 萬每面明名命母目木聞問文門物米美民

ㅂ 朴半反班發放方百白番別病服本部夫父北分不

ㅅ 使死社事四算山三上色生書西席石夕線先雪成省姓世消少所小速孫樹手數水術習勝始市時式植食信新神身矢室心十

ㅇ 安愛夜野弱藥洋陽語言業然永英午五溫王外勇用右運園遠月油由有育銀音飮邑意衣醫二人一日

ㅈ 者子字自作昨章場長在才戰全前電定庭正第題弟朝祖族足左晝注主住重中地紙直集

ㅊ 窓千天川淸靑體草村寸秋春出親七

ㅌ 太土通特

ㅍ 八便平表風

ㅎ 下夏學漢韓合海幸行向現形兄號和畫花話火活黃會孝後訓休

※ 以上 5級 쓰기配定漢字 300字 = 6級(Ⅱ) 配定漢字 300字 = 7級 配定漢字 150字 + 6級(Ⅱ) 新習漢字 150字

전국한자능력검정시험 5급 답안지 양식

번호	정 답	번호	정 답	번호	정 답
1		17		33	
2		18		34	
3		19		35	
4		20		36	
5		21		37	
6		22		38	
7		23		39	
8		24		40	
9		25		41	
10		26		42	
11		27		43	
12		28		44	
13		29		45	
14		30		46	
15		31		47	
16		32		48	

◀답안지 면을 오려서 사용하세요.

49		67		85	
50		68		86	
51		69		87	
52		70		88	
53		71		89	
54		72		90	
55		73		91	
56		74		92	
57		75		93	
58		76		94	
59		77		95	
60		78		96	
61		79		97	
62		80		98	
63		81		99	
64		82		100	
65		83			
66		84			